DIE GANZE WELT DER

Pasta

Idee: Peter Feierabend
Rezepte, Styling, Produktion: Patrik Jaros
Lektorat: Martina Dürkop
Mitarbeit: Bamboo
Fotografie: Günter Beer - food.beerfoto.com
Assistenz: Kathi Günter, Sarah David- Spickermann
Fotografiert in BuenavistaStudio, Barcelona
Layout: Kathi Günter, Günter Beer

Multilingual Management: LocTeam, Barcelona
www.locteam.com

Druck und Bindung: Eurolitho s.p.a., Mailand
Printed in Italy
ISBN: 3-89985-001-7
60 08033 1

Wichtig: Die Nahrungsmittel - insbesondere Fisch und Meeresfrüchte - müssen frisch und in einwandfreiem Zustand sein. Salate müssen sorgfältig gewaschen werden. Für Personen die durch Salmonellenvergiftung gefährdet werden können - besonders Ältere, Schwangere, Kleinkinder und Immunschwächekranke - sollten vor dem Genuss von rohen Eiern und rohen Fisch und Meeeresfrüchten ihren Hausarzt konsultieren.

Günter Beer · Patrik Jaros

DIE GANZE WELT DER Pasta

Feierabend

Inhalt

Schwierigkeitsgrad ***

Zubereitungszeit 40

Schwierigkeitsgrad: schwer

Was gibt's?! Pasta!

Ob nun die Wiege der Nudel in China liegt und Marco Polo sie mit in seine Heimat genommen hat oder ob den Italienern die Erfindung der Pasta zu verdanken ist. Fakt ist, kein anderes Lebensmittel ist so vielfältig wie die Nudel! Die Wan-Tan, die Soba und die feine Glasnudel der Chinesen, hunderte von italienischen Variationen, mit Einfallsreichtum und Leidenschaft kreiert, amerikanische Cheddarkäsenudeln und Schweizer Pizzoccheri – die Nudel ist in aller Welt beliebt und zum Synonym für moderne Lebensart geworden. Sie steht für schnelle zeitgemäße Ernährung und wird in der hohen Kunst der Küche von den Food-Designern sehr geschätzt, die der faszinierenden Teigware immer neue Aspekte und Facetten abgewinnen.
Die In-Restaurants der Metropolen von New York bis Sydney servieren ausgefallene Pasta-Kombinationen, die Gäste können nicht genug bekommen von der Nudel in immer neuen und überraschenden Kombinationen.
Pasta ist der Favorit: klassisch italienisch, asiatisch, cross-over, pacific, rim oder süß. Von Linguine Vongole (S. 50) über Spaghettini Nerone (S.12) bis zu Schupfnudeln mit Kaffeesauce und Kardamon (S.177). Dieses Buch versprüht italienische Lebensart genauso wie das exotische Flair chinesischer Wok-Gerichte.
Die unbegrenzten Möglichkeiten der Nudel präsentieren sich hier in Rezepten traditioneller eurasischer Pastagerichte und vielen kulinarischen Überraschungen.

Lassen Sie sich verführen!

Einfache Tomatensauce
Italien

ergibt etwa 1 l Sauce

2 Dosen Tomaten, geschält (etwa 800 g)

6 EL Olivenöl

2 rote Zwiebeln, fein gewürfelt

2 Knoblauchzehen, fein gewürfelt

1 EL Tomatenmark

einige gebundene Basilikumstiele zum Auskochen

Kristallsalz
schwarzer Pfeffer aus der Mühle
1 Prise Zucker

einige Basilikumblätter, grob geschnitten

Tomaten in ein Spitzsieb geben und abtropfen lassen. Saft beiseite stellen und Tomaten vierteln, Kerngehäuse entfernen und in Würfel schneiden.
Olivenöl erhitzen, Zwiebeln und Knoblauch zugeben und glasig dünsten, Tomatenmark zufügen und mitschwitzen. Gebundene Basilikumstiele ebenfalls anschwitzen und mit Salz, schwarzem Pfeffer sowie 1 Prise Zucker würzen. Mit Tomatensaft aufgießen und etwa 20 Minuten kochen lassen. Die Menge des Tomatensaftes muss um die Hälfte eingekocht sein.
In Würfel geschnittene Tomaten zugeben, Basilikumstiele entfernen und weitere 5 Minuten köcheln lassen.
Zum Schluss mit Salz, schwarzem Pfeffer und Zucker abschmecken und grob geschnittene Basilikumblätter untermischen. Tomatensauce noch warm in Einweck- oder Marmeladengläser füllen und verschließen. Ausgekühlt lässt sich die Sauce 1 bis 2 Wochen problemlos im Kühlschrank aufbewahren.

Tipp
Basilikum mit Küchenfaden zum Bund zusammenbinden, damit man später die Stiele problemlos auf einmal aus der Sauce entfernen kann.
Da man nur für kurze Zeit im Jahr sehr reife Tomaten bekommt, ist diese sehr einfache, aber intensiv-fruchtige Tomatensauce eine gute Alternative für den Rest des Jahres.

*30

Spaghettini Nerone

Italien

Rote Zwiebeln sind etwas milder und süßlicher als normale, verleihen dem Gericht jedoch etwas Farbe.

1 Zwiebel, klein gewürfelt

1 Knoblauchzehe, fein gewürfelt

½ Peperoncino, getrocknet und zerstoßen

3 EL Olivenöl extra vergine

500 ml Tomatensauce (Rezept s. S. 10)

500 g Spaghettini

1 Scheibe kalte Butter (etwa 30 g)

Kristallsalz
schwarzer Pfeffer aus der Mühle

2 rote Zwiebeln, in hauchdünne Ringe geschnitten

Zwiebelwürfel, Knoblauch und Peperoncino in Olivenöl glasig anschwitzen.
Tomatensauce angießen und mit Salz und schwarzem Pfeffer würzen.
In der Zwischenzeit die Spaghettini in reichlich siedendem Salzwasser etwa 8 Minuten al dente kochen.
Auf ein Sieb schütten, abtropfen lassen und in den Topf mit der heißen Tomatensauce geben.
Solange mit der Tomatensauce kochen, damit die Sauce in die Pasta eingezogen ist.
Unmittelbar vor dem Servieren zur Bindung der Sauce die kalte Butter unter die Pasta schwenken.
Auf vorgewärmten Tellern anrichten und mit hauchdünnen Zwiebelringen bestreut servieren.

*25

Kräuter

1 Koriander
2 Thai-Basilikum
3 Frühlingszwiebeln
4 Majoran
5 Lorbeer (getrocknet)
6 Dill
7 Minze
8 Salbei
9 Basilikum
10 Petersilie

5
6
7
9
10

Hühnerbrühe

1 Suppenhuhn (1,3 kg)

3 l Wasser

200 g Zwiebeln, geschält
150 g Karotten, geschält
3 Stangen staudensellerie
1 Lauchstange
1 Fenchelknolle
1 Knoblauchknolle, halbiert

4 Lorbeerblätter
2 Nelken
8 Wacholderbeeren
4 Pimentkörner
10 schwarze Pfefferkörner
1 EL Meersalz

1 Bund Petersilie
1 Bund Fenchelgrün
3 Stangen Staudensellerieblätter

Frische, gesunde Hühnchen erkennt man an ihrer weißen Haut und ihrem festen Fleisch – und natürlich am frischen Geruch.

Ob weiße oder rote Zwiebeln – in die Suppe passen beide gleichermaßen gut

Suppenhuhn von innen und außen gut waschen und von allen Blutresten befreien. In einen Topf mit kaltem Wasser geben, Wasser mit Meersalz würzen und langsam zum Kochen bringen. Zwischendurch Schaum oder geronnenes Eiweiß mit einer Schaumkelle abschöpfen und eine ½ Stunde leise köcheln lassen, ohne dabei abzufetten.
Gemüse, Gewürze und Kräuter dazugeben und 1 weitere Stunde köcheln lassen. Gelegentlich mit Wasser auf die ursprüngliche Wassermenge aufgießen.
Suppenhuhn und gekochtes Gemüse vorsichtig heraus nehmen und bis zur weiteren Verarbeitung abdecken.
Suppe durch ein feines Sieb passieren und beiseite stellen.
Hält sich gut 1 Woche im Kühlschrank.

*90

Udon-Nudeln in Hühnersuppe mit Gemüse und Koriander
Japan

250 g Udon-Nudeln

1 Lauchstange, in schräge, feine Ringe geschnitten

2 Karotten, in schräge, feine Streifen geschnitten

1 Bund junge Lauchzwiebeln, in 3 cm lange Stücke geschnitten

1 l Hühnerbrühe (Rezept s. S. 16)

1 Bund Koriander

etwas Chiliöl zum Beträufeln

Das Gemüse in mundgerechte Stücke schneiden – dann passt es auch in kleine hübsche Schälchen.

Udon-Nudeln in ungesalzenem Wasser kochen, abschütten und in vier vorgewärmte Suppenschalen geben. Geschnittenes Gemüse in den Suppenschalen verteilen und mit kochend heißer Hühnerbrühe aufgießen.
Zum Schluss mit Korianderblättern bestreuen und mit einigen Tropfen Chiliöl beträufeln.

Wer's pikant mag, würzt mit Chilisauce oder Austernsauce nach.

Tipp
Auch chinesische Eiernudeln eignen sich für dieses Gericht. Allerdings sollte dann noch etwas gekochtes Hühner- oder Schweinefleisch in die Suppe geschnitten werden.

*30

Kalte Soba-Nudel mit rohem Ei und Lauchzwiebeln

Japan

Sobanudeln sind keine Exoten mehr – es gibt sie inzwischen in jedem Asia-Laden zu kaufen.

250 g Soba-Nudeln (Buchweizennudeln)

4 sehr frische Landeier, kalt

1 Bund Lauchzwiebeln

4 EL Sojasauce

Soba-Nudeln in ungesalzenem Wasser kochen, abschütten und mit kaltem Wasser abschrecken. Auf vier Tellern anrichten.
Je 1 Ei in eine kleine Schale aufschlagen, ohne dabei das Eigelb zu verletzen. Fein geschnittene Lauchzwiebel zum Ei geben und jeweils 1 EL Sojasauce über das Ei geben.

Und so isst man das Gericht: Schale mit Ei, Lauchzwiebel und Sojasauce mit Stäbchen leicht vermischen, ohne dabei die zähe Konsistenz des Eis zu zerschlagen.
Kalte Nudeln durch die Eimischung ziehen, wobei darauf zu achten ist, dass möglichst viel Ei an den Nudeln haften bleibt.

*30

Minestrone mit Ditalini

Italien

1 Zwiebel, geschält

1 Knoblauchzehe, geschält

2 Karotten, geschält

¼ Knollensellerie

½ Fenchelknolle, geputzt

1 Stange Staudensellerie

1 kleine Lauchstange

80 g Wirsingblätter

60 g breite Bohnen

2 EL Olivenöl

750 ml Hühnerbrühe (Rezept s. S. 16)

60 g Ditalini

Kristallsalz
schwarzer Pfeffer aus der Mühle

2 EL Pesto (Rezept s. S. 92)

frisch geriebener Parmesan

Weißbrot

Am besten die verschiedenen Gemüse separat in gleichmäßige Stücke schneiden und je nach Garzeit nacheinander in den Topf geben.

Zwiebel, Knoblauch, Karotten, Knollensellerie, Fenchelknolle, Staudensellerie, Lauch, Wirsingblätter und breite Bohnen in kleine Stücke schneiden.
Olivenöl erhitzen, Zwiebel und Knoblauch glasig dünsten. Karotten und Fenchel dazugeben, mit Salz und Pfeffer würzen, mit Brühe aufgießen und 10 Minuten leise köcheln lassen.
Restliches Gemüse zugeben und weitere 10 Minuten kochen lassen.
Ditalini in kochendem Salzwasser 6 Minuten garen, abschütten und zur Suppe geben.
Minestrone mit frischem Parmesan bestreuen und mit Pesto beträufeln. Weißbrot rösten, mit etwas Olivenöl beträufeln und salzen – zusammen mit der Minestrone servieren.

*45

Gefüllte Montserrat-Tomaten mit Nudelsalat

Spanien

Die Montserrat-Tomaten erkennt man an der kürbisähnlichen Form und an ihrer grünlichen Zeichnung.

8 reife Montserrat-Tomaten

250 g Muschelnudeln

150 g Kirschtomaten

2 Karotten, klein gewürfelt

2 Stangen Staudensellerie, klein gewürfelt

1 Schalotte, fein gewürfelt

1 EL Kapern
40 g schwarze Oliven, entsteint
40 g grüne Oliven, entsteint

½ Bund Blattpetersilie, fein geschnitten
einige Blätter Minze, fein geschnitten
helle Blätter vom Staudensellerie

6 EL Olivenöl extra vergine

4 EL Sherryessig

Kristallsalz
schwarzer Pfeffer aus der Mühle

1 EL Pesto

Auch eingelegte, gewürzte Oliven eignen sich für diese Zubereitung.

Tomatendeckel abschneiden, beiseite legen und Tomaten mit einem kleinen Löffel aushöhlen.
Pasta nach Packungsanleitung kochen, abgießen und kalt abschrecken.
Kirschtomaten vierteln, zusammen mit Karotten, Staudensellerie und Schalotte in einer Schüssel vermischen. Kapern, schwarze und grüne Oliven grob hacken und in die Schüssel geben. Mit Salz, Pfeffer, Olivenöl und Sherryessig würzen und mit geschnittenen Kräutern vermischen.
Nudeln dazugeben, den Salat in ausgehöhlte Tomaten füllen und wieder mit Deckel verschließen.
In den Strunkansatz etwas Pesto füllen, mit einigen Minze- und Staudensellerieblättern bestreuen und mit Olivenöl beträufeln.

Tipp
Ein wunderbares Sommeressen, wobei durchaus die Tomaten durch Gärtnergurken ersetzt werden können. In diesem Falle tauscht man die Minze durch Dill aus.

*30

Orecchiette mit Broccoli und roten Zwiebeln

Italien

600 g Broccoli
500 g Orecchiette
Kristallsalz
2 Knoblauchzehen, geschält
4 EL Olivenöl
2 EL Butter
100 g frischer Ricotta
1 rote Zwiebel, in feinen Ringen
etwas Peperoncinoöl
schwarzer Pfeffer aus der Mühle

Broccoli von Blättern und grobem Strunk befreien. Den Strunk schälen und klein schneiden. Röschen je nach Größe halbieren oder vierteln.
In reichlich kochendem Salzwasser bissfest garen und über einem Sieb abgießen. In eiskaltem Wasser abschrecken.
Orecchiette in reichlich kochendem Salzwasser 12 Minuten garen, abgießen und dabei das Nudelwasser auffangen.
In der Zwischenzeit Broccoli in etwas Olivenöl sanft braten. Knoblauch in Scheiben scheiden und zugeben, weitere 5 Minuten sanft braten. Orecchiette zugeben und mit ein paar Löffeln Nudelwasser begießen.
Restliches Olivenöl und Butter hinzufügen, kurz durchschwenken und mit Salz und schwarzem Pfeffer pikant würzen.
In eine große Schüssel geben.
Kleine Ricottastücke und Zwiebelringe darauf verteilen und zum Schluss mit Peperoncinoöl beträufeln.

Tipp
Wer es recht würzig mag, mischt zum Schluss noch klein gehackte Sardellen und frisch geriebenen Parmesan unter.

*25

Gemelli aglio e olio mit geröstetem Knoblauch

Italien

500 g Gemelli

4 Knoblauchzehen, geschält

2 Peperoncini, frisch und nach Geschmack

6 EL Olivenöl extra vergine

1 Scheibe kalte Butter

Kristallsalz
schwarzer Pfeffer aus der Mühle

frische Kräuter nach Geschmack

Knoblauch in dünne Scheiben schneiden.
Peperoncini im Mörser oder mit einem Messer zerkleinern. Richtig scharf sind die Kerne der kleinen Schoten.
Wer's nicht so pikant mag: Schoten halbieren und die Kerne vor dem Zerkleinern entfernen.
Gemelli in reichlich kochendem Salzwasser 3 Minuten garen.
In der Zwischenzeit Olivenöl erhitzen, Knoblauch darin anbraten, Peperoncini zugeben.
Nudeln über einem Sieb abgießen, dabei das Nudelwasser auffangen. Heiße Nudeln zum Olivenöl geben und mit einer kleinen Kelle Nudelwasser begießen. Mit Salz und Pfeffer würzen, mit Butter verfeinern.
Je nach Geschmack mit frischen Kräutern wie gehackter Petersilie oder Basilikum bestreuen und sofort servieren.

Tipp
Eine Grundregel bei italienischen Pastagerichten: Immer etwas Nudelwasser für die Sauce aufbewahren, denn die enthaltene Stärke sorgt für leichte Bindung und verstärkt den Geschmack.

*35

Riccioli mit Gjetost und roten Johannisbeeren

*30

Riccioli mit Gjetost und roten Johannisbeeren

Schweden

500 g Riccioli

60 g kalte Süßrahmbutter

300 g Gjetost, in ½ cm große Würfel geschnitten

frisch geriebene Muskatnuss

150 g rote Johannisbeeren, entrappt

Kristallsalz
schwarzer Pfeffer aus der Mühle

Riccioli in reichlich Salzwasser nach Packungsanleitung kochen. Abschütten und gleich wieder in den Topf zurückgeben, so dass noch etwa 1 cm Kochwasser im Topf bleibt. Kalte Butterstücke und Geitostwürfel zugeben und so lange schwenken, bis die restliche Flüssigkeit gebunden ist und der Käse anfängt, sich aufzulösen.
Mit Kristallsalz, schwarzem Pfeffer und Muskatnuss abschmecken.
Sogleich auf Tellern anrichten und zum Schluss mit frischen Johannisbeeren bestreuen.
Ein besonders interessantes Zusammenspiel von leicht süßem Käse und säuerlichen Johannisbeeren.

Tipp
Gjetost ist ein norwegischer Käse aus Kuh- bzw. Ziegenmolke und Sahne.
Durch Erhitzen bei der Käsezubereitung karamellisiert der in der Molke enthaltene Milchzucker und gibt dem Käse den typischen Karamellgeschmack.

Der Gjetost wird in Norwegen gerne zum Frühstück zusammen mit Marmelade gegessen.

Gnocchette mit Radicchio, Kapern und Scarmozza

Italien

2 kleine Radicchioköpfe, in Streifen geschnitten
½ Knoblauchzehe, fein gehackt
½ Bund Salbei, grob geschnitten
6 EL Olivenöl
1 EL Kapern
50 g grüne Oliven, entkernt und geschnitten
500 g Gnocchette
100 g Scarmozza, klein gewürfelt
Kristallsalz
schwarzer Pfeffer aus der Mühle

Scamorza affumicata – ein sogenannter filata-Kä
ist ein geräucherter Kuhmilchkäse.

Olivenöl in eine Pfanne geben.
Knoblauch und Salbeiblätter darin anschwitzen, die Hälfte des geschnittenen Radicchio zugeben und etwa 5 Minuten weiterdünsten.
Kapern und Oliven ebenfalls zugeben und mit Salz und Pfeffer würzen.
Die in der Zwischenzeit bissfest gekochten Gnocchette abgießen und unter die Sauce mischen.
Eine kleine Schöpfkelle Kochwasser unter die Pasta geben und auf Tellern anrichten.
Zum Schluss mit Scarmozzawürfeln und restlichen rohen Radicchiostreifen bestreuen und sofort servieren.

*35

Ricotta Romana
Dieser mild-süßliche Käse wird aus Kuh- oder Schafsmolke hergestellt. Der Name »Ricotta« bede
tet nochmals gekocht und verweist auf das Herstel-
lungsverfahren.

Mozzarella
Dieser weiche Käse ist aus Kuhmilch und kommt ursprünglich aus Italien. Er reift in einem leicht gesalzenen Molkebad. Der Name leitet sich von »mozzare« ab, was abschneiden bedeutet, denn der Käse wird gezogen und in Form geschnitten.

Ziegenkäserolle
Sie ist in verschiedenen Reifegraden von frisch bis sehr gereift erhältlich. Für Füllungen verwendet man frischen Käse, zum Braten oder Reiben gereiften Käse. Der Geschmack erinnert an Haselnüsse und Pilze.

Parmesan
2 Jahre Reifezeit geben dem Käse sein besonderes Aroma. Unverzichtbar in geriebener oder gehobelter Form zu fast allen italienischen Pastagerichten.

Käsesorten

Manchego
Der Name des bekanntesten spanischen Käses geht auf die Schafsrasse Manchego aus dem Gebiet La Mancha zurück. Auffällig ist seine dunkle Rinde mit Binsenkorbmuster.

Gorgonzola
Der italienische Blauschimmelkäse hat einen würzig-pikanten Geschmack. Wenn er jung ist, besitzt er eine dezent süße Note.

Marcellin
Der kleine cremige Weichkäse französischer Herkunft wird aus Rohmilch von der Kuh hergestellt. Er verleiht Käsesaucen oder Füllungen für Ravioli die nötige Würze.

Provolone
Dieser Käse aus Kuhmilch ist auch in geräucherter Form erhältlich. Klein geschnitten ist er ein idealer Geschmacksverstärker für italienische Pastagerichte mit Gemüse sowie Salate.

Rigatoni mit Gorgonzolasauce

Italien

250 g Sahne

100 ml Milch

200 g Gorgonzola, ohne Rinde

100 g Mozzarella

50 g Parmesan

500 g Rigatoni

schwarzer Pfeffer aus der Mühle
frisch geriebene Muskatnuss

Dreierlei Käse – mit einer Prise Muskat und etwas Pfeffer wird daraus eine köstliche Sauce.

In einem flachen Topf Sahne und Milch zum Kochen bringen. Gorgonzola und Mozzarella in kleine Würfel schneiden, Parmesan fein reiben.
Käse in die kochende Sahne-Milch-Mischung geben und mit schwarzem Pfeffer sowie Muskatnuss würzen.
Rigatoni in der Zwischenzeit nach Packungsanleitung al dente kochen, abschütten und unter die Käsesauce geben.
Durchschwenken und anrichten.
Zum Schluss mit grob gemahlenem schwarzem Pfeffer kräftig würzen.

*25

Überbackene Macheroncini mit Cheddarkäse

USA

500 g kurze Macheroncini

500 ml Béchamelsauce (Rezept s. S. 64)

350 g Cheddarkäse, gerieben

100 g Semmelbrösel

40 g Butter

Kristallsalz
schwarzer Pfeffer aus der Mühle

Maccheroncini in reichlich Salzwasser nur die Hälfte der nach Packungsanleitung vorgeschriebenen Garzeit kochen. Abschütten und abkühlen.
Béchamelsauce aufkochen und geriebenen Cheddar darin auflösen. Zusammen mit den Nudeln in eine gebutterte Auflaufform geben.
Butter zerlassen und mit Semmelbrösel vermischen, nicht rösten.
Mit Pfeffer und etwas Salz würzen und über den Macheroncini verteilen.
Im auf 180° C vorgeheizten Backofen etwa eine ½ Stunde backen. Gegebenenfalls die Auflaufform mit etwas Aluminiumfolie abdecken, damit die Butterbrösel nicht zu dunkel gebacken werden.

Tipp
Ein Auflauf, der auch gut zu gegrilltem Geflügelfleisch oder kleinen Kalbsschnitzeln in Tomatensauce passt.

Der würzige Cheddar ist der beliebteste englische Käse – bei diesem Gericht wird er fein geraspelt über den Auflauf gestreut.

*40

Tagliatelle mit grünem Spargel

Italien

1 kg frischer grüner Spargel

60 g Butter

Kristallsalz, Zucker
schwarzer Pfeffer aus der Mühle

½ Bund Blattpetersilie, fein geschnitten

600 g frische geschnittene Tagliatelle aus Nudelteig (Rezept s. S. 153)

50 g Kerbel, fein geschnitten

Unteres Drittel der Spargelstangen schälen, Anschnitt etwa 1 cm lang abschneiden. Spargelspitzen etwa 7 cm lang abschneiden. Die restlichen Spargelstangen in schräge dünne Scheiben schneiden.
Hälfte der Butter zerlassen und Spargelscheiben darin anschwitzen. In der Zwischenzeit die Spargelspitzen in reichlich Salzwasser mit einer kräftigen Prise Zucker kochen, dann zu den Spargelscheiben geben, mit Salz und Pfeffer würzen.
Tagliatelle bissfest abkochen und zum Spargel geben. Mit geschnittenen Kräutern bestreuen, restliche kalte Butter unterschwenken und sofort anrichten.

Spargel bis zur Verarbeitung immer in ein feuchtes Tuch eingeschlagen im Gemüsefach des Kühlschranks aufbewahren.

*40

Bucatini all’amatriciana
Italien

Speck, Zwiebeln, Tomaten und Nudeln – einfach, schnell und lecker.

3 weiße Zwiebeln

2 Knoblauchzehen

200 g durchwachsener Bauchspeck, in Scheiben und ohne Schwarte

3 EL Olivenöl

400 ml Tomatensauce (Rezept s. S. 10)

500 g Bucatini

schwarzer Pfeffer aus der Mühle

etwas geriebener Parmesan

Zwiebeln schälen, halbieren und in Würfel schneiden.
Knoblauch schälen und fein hacken.
Speck in ½ cm dicke Streifen schneiden.
Speck in Olivenöl auslassen, Zwiebeln und Knoblauch zugeben und glasig anschwitzen.
Mit Tomatensauce aufgießen und etwa 10 Minuten leise köcheln lassen, damit der Bauchspeck sein Aroma an die Sauce abgeben kann.
Bucatini nach Packungsanleitung al dente kochen, in ein Sieb abgießen und in die Sauce geben.
Gut vermengen und auf Tellern anrichten.
Zum Schluss mit schwarzem Pfeffer und geriebenem Parmesan bestreuen.

*35

Penne lisce mit Auberginenwürfeln und pikanter Salami

Italien

400 g Auberginen, in 1 cm große Würfel geschnitten

6 EL Olivenöl

Kristallsalz
schwarzer Pfeffer aus der Mühle

1 Zwiebeln, fein gewürfelt

1 Knoblauchzehe, fein gehackt

1 Rosmarinzweig

1 Chilischote, fein zerrieben

5 Flaschentomaten, enthäutet, geviertelt und entkernt

200 g scharfe Salami

500 g Penne lisce

200 g Kirschtomaten

1 EL Butter

Cherrytomaten halten sich bis zur Verwendung in kaltem Wasser knackig frisch.

Olivenöl in einer Pfanne erhitzen und Auberginenwürfel darin hellgelb anbraten, mit Salz und schwarzem Pfeffer würzen. Zwiebelwürfel, Knoblauch, Rosmarinnadeln und zerriebene Chilischote dazugeben und bei schwacher Hitze 2 Minuten weiter braten. Tomatenviertel in kleine Würfel schneiden und zu den Auberginen geben.
In einer seperaten beschichteten Pfanne scharfe Salami ohne Öl anbraten und zum Auberginen-Tomaten-Sugo geben.
In der Zwischenzeit die Penne in reichlich Salzwasser nach Packungsanleitung al dente kochen und über einem Sieb abgießen. Sugo, Kirschtomaten und Butter dazugeben, mit Salz und Pfeffer würzen. Durchschwenken und servieren.

*40

Linguine mit Vongole veraci

*25

Linguine mit Vongole veraci

Italien

Für den Klassiker aus Italien baden die Muscheln in würzigem Öl.

Bei Tomaten immer die Haut abziehen – macht etwas Mühe, schmeckt aber leckerer.

500 g Linguine

250 g gewaschene Vongole veraci

3 EL Olivenöl extra vergine

1 Knoblauchzehe, fein gehackt

1 Schalotte, fein gewürfelt

100 ml trockener Weißwein

3 Flaschentomaten, geschält und gewürfelt

1 TL Peperoncinoöl

1 Bund Blattpetersilie, fein geschnitten
½ Bund Basilikum, fein geschnitten

20 g kalte Butter, in Scheiben

Linguine in reichlich Salzwasser bissfest kochen.
Gewaschene Vongole auf einem Sieb gut abtropfen lassen.
Olivenöl erhitzen, Schalottenwürfel und Knoblauch darin anschwitzen. Vongole dazugeben und mit Weißwein ablöschen.
Mit Deckel verschließen und Muscheln aufspringen lassen.
Deckel abnehmen, Tomatenwürfel zugeben.
Geschnittene Kräuter und Peperoncinoöl vermischen und zusammen mit den Linguine ebenfalls zu den Muscheln geben.
Butterscheiben zugeben und durchschwenken, bis die Flüssigkeit von den Nudeln aufgenommen ist.
Auf eine Platte geben und servieren.

*30

Frittierte Glasnudeln in Melonenkaltschale

Thailand

Vor dem Mixen besser die kleinen schwarzen Kerne aus dem Melonenfleisch entfernen.

Achtung: Nicht zu viele Nudeln auf einmal ins Öl geben – sie vergrößern ihr Volumen um ein Fünffaches.

1 reife Wassermelone (etwa 2 kg)
200 ml fruchtiger Weißwein (Riesling oder Sauvignon)
2 cl Wodka
1 Packung Glasnudeln
1 l Maiskeimöl zum Frittieren
Puderzucker zum Bestreuen
125 g Walderdbeeren

Melone aufschneiden, rotes Fruchtfleisch aus der grünen Schale lösen und in grobe Würfel schneiden.
In einem Hamilton Beach Mixer zusammen mit Weißwein und Wodka kurz mixen und durch ein feines Sieb passieren. In einem Gefäß im Kühlschrank 1 gute Stunde durchkühlen lassen.
In einem Milchtopf (hoher schmaler Topf von etwa 20 cm Durchmesser) Öl auf 160° C erhitzen.
Glasnudeln mit einer Schere in vier Teile schneiden und nacheinander im Topf frittieren. Dabei darauf achten, da die Glasnudel ihr Volumen um etwa ein Fünffaches vergrößern, dass der Topf nur zur Hälfte mit Öl gefüllt ist. Der Frittiervorgang an sich geht innerhalb von Sekunden. Frittierte Glasnudeln auf Küchenpapier abtropfen lassen und noch warm mit reichlich Puderzucker bestäuben. Etwas von der Melonenkaltschale in tiefe, vorgekühlte Teller geben und die Glasnudeln dazugeben.
Mit Walderdbeeren garnieren und noch einmal mit Puderzucker bestreuen.

Tipp
Sofort servieren, da sich die Glasnudeln sonst zu schnell mit Flüssigkeit vollsaugen und der knusprige Effekt verloren geht.

*30

Fideo-Nudeln mit Tinte gekocht

Spanien

2 mittelgroße Calamares, Tuben gewaschen und Kopf geputzt

30 g Butter

1 weiße Zwiebel, fein gewürfelt

1 Knoblauchzehe, fein gehackt

500 g Fideo-Nudeln

4 Päckchen Sepia-Tinte

1½ l Hühnerbrühe (Rezept s. S. 16)

Kristallsalz
schwarzer Pfeffer aus der Mühle

2 Scheiben kalte Butter

Die Tinte von Calamares gibt's küchenfertig abgepackt in Tüten.

Calamarestuben in 1 cm dünne Ringe Schneiden, Köpfe halbieren. In zerlassener Butter anschwitzen, Zwiebelwürfel und gehackten Knoblauch zugeben und mit Salz und Pfeffer würzen. Ungekochte Fideo zugeben und Sepia-Tinte aus den Päckchen ausdrücken und unter die Nudeln mischen.
Mit Hühnerbrühe aufgießen und Topf mit Deckel verschließen.
Im auf 160° C vorgeheizten Ofen etwa 15 bis 20 Minuten garen. Heraus nehmen und mit einer Fleischgabel die kalten Butterscheiben untermischen, so dass die Nudeln wunderbar glänzen. Eventuell noch mit Salz und Pfeffer nachwürzen und auf Tellern anrichten.

*40

Tofucurry mit Spargel und Kirschtomaten

Thailand

1 EL rote Currypaste
6 EL Erdnussöl
1 EL Palmzucker
4 EL helle Sojasauce
400 ml Kokosmilch
500 g grüner Spargel
150 g Kirschtomaten
250 g Reisnudeln
½ Bund frischer Thai-Basilikum
300 g Tofuwürfel von 2 cm Kantenlänge

Exotische Aromen verbinden sich hier zu einer köstlichen Sauce.

Rote Currypaste in 2 EL Erdnussöl und Palmzucker leicht rösten. Mit Sojasauce ablöschen, etwas Kokosmilch angießen und einkochen lassen.
Restliche Kokosmilch dazugeben und etwa 10 Minuten leise köcheln lassen.
Unteres Drittel der Spargelstangen schälen, Anschnitt 1 cm lang abschneiden, Spargel in 4 cm lange stücke schneiden.

Im Wok in restlichem Öl etwa 2 Minuten scharf anbraten und zusammen mit Kirschtomaten in die Currysauce geben. Weitere 5 Minuten leise köcheln.
Zum Schluss grob geschnittenen Thai-Basilikum mit Tofuwürfeln und gekochten Reisnudeln zum Curry geben und sofort servieren.

Tipp
Wer es noch aromatischer mag, kann kurz vor dem Servieren hauchdünne Streifen von Zitronenblättern und frische Chilischoten in Ringen über das Curry geben.

Gewürze bewahrt man dunkel in gut verschließbaren Dosen auf – so halten sich Aroma und Farbe.

**45

Sauce Bolognese
Italien

ergibt etwa 1½ l Sauce

1 weiße Zwiebel, fein gewürfelt

2 Schalotten, fein gewürfelt

4 EL Olivenöl

1 Knoblauchzehe, angedrückt

2 Lorbeerblätter

80 g Karotten, fein gewürfelt
80 g Knollensellerie, fein gewürfelt
80 g Staudensellerie, fein gewürfelt

2 EL Tomatenmark

1 TL Majoran, getrocknet

600 g Hackfleisch, gemischt

1 Dose Tomaten, geschält (etwa 800 g)

6–8 Basilikumblätter

Kristallsalz
schwarzer Pfeffer aus der Mühle

Olivenöl in einem flachen Topf erhitzen, in Würfel geschnittene Zwiebel und Schalotten darin glasig anschwitzen (1).
Angedrückte Knoblauchzehe und Lorbeerblätter zugeben und weiter anschwitzen (2).
Klein geschnittene Karotten, Staudensellerie und Knollensellerie zugeben und ebenfalls glasig werden lassen (3).
Tomatenmark und Majoran zufügen und weitere 2 bis 3 Minuten leicht weiterrösten (4). Hackfleisch beigeben und mit einem Holzspachtel das Fleisch zerteilen, damit es gleichmäßig anbrät (5).

Auch ein Klassiker, der einfach, aber immer wieder lecker ist.

Hackfleisch mit Salz und Pfeffer würzen, mit Tomaten aufgießen und Basilikumblätter über die Sauce geben.
Umrühren und langsam bei kleiner Hitze etwa 45 Minuten köcheln lassen (6).
Gelegentlich umrühren, damit die Sauce nicht ansetzen kann.
Zum Schluss Knoblauchzehe und Lorbeerblätter heraus nehmen und die Sauce bis zur weiteren Verarbeitung in einem Gefäß beiseite stellen.

**60

Spaghetti Bolognese

Italien

Das Hack sollte halb Schwein, halb Rind sein – so schmeckt die Sauce runder.

500 g Spaghetti

500 ml Sauce Bolognese (Rezept s. S. 60)

1 Scheibe kalte Butter

Kristallsalz
schwarzer Pfeffer aus der Mühle

½ Bund Basilikumblätter

Parmesan nach Geschmack

Salzwasser zum Kochen bringen und die Spaghetti darin in etwa 8 Minuten al dente kochen.
Auf ein Sieb schütten und kurz abtropfen lassen. In der Zwischenzeit die Sauce erhitzen und Spaghetti darin durchschwenken.
Zum Schluss Butter unter die Spaghetti geben und die Sauce damit binden. Die Butter rundet den Geschmack der Sauce wunderbar ab.

Auf vorgewärmte Teller verteilen und mit in Streifen geschnitten Basilikumblättern und frisch gemahlenem Pfeffer bestreuen.
Gerne noch fein geriebenen Parmesan zu dieser Pasta servieren.

Alles fein gewürfelt – so geht's ab in die Sauce.

**60

Béchamelsauce

ergibt etwa 750 ml Sauce

500 ml Milch
60 g Butter
30 g Mehl Type 405
250 g Sahne

1 Zwiebel, gespickt mit 1 Lorbeerblatt und 2 Nelken (1)

Kristallsalz
gemahlene Muskatnuss

Saft einer ½ Zitrone

1

Butter und Mehl hell rösten (2+3). Mit kalter Milch aufgießen und unter ständigem Rühren zum Kochen bringen (4+5).
Gespickte Zwiebel hineingeben und 30 Minuten leise köcheln lassen (6). Gelegentlich umrühren.
Sauce durch ein feines Sieb passieren, Sahne einrühren und mit Salz, Muskat und Zitronensaft abschmecken (7).
Als Basis für andere Saucen verwenden, z. B. Gorgonzola-sauce, Gratinsauce usw.

2

3

** 40

4

5

6

7

Lasagne mit Fleischsauce und Mozzarella

Italien

1 l Béchamelsauce (Rezept s. S. 64)

750 ml Sauce Bolognese (Rezept s. S. 60)

etwas Butter zum Ausstreichen der Auflaufform

250 g grüne Lasagnenudelplatten (16 Stück) oder frische ausgerollte grüne Nudelplatten (Rezept s. S.157)

100 g Edamer, gerieben

1 Stück Mozzarella

2 EL Olivenöl extra vergine

Eine eckige Auflaufform mit Butter einstreichen, etwa eine mittlere Schöpfkelle voll Béchamelsauce auf dem Boden verteilen und mit Lasagneplatten belegen (2).
Wieder eine Schöpfkelle voll Bechamelsauce auf Nudelplatten geben (3) und darauf eine Schicht Bolognesesauce verteilen (4).
Diesen Vorgang so oft wiederholen, bis die Auflaufform aufgefüllt ist und die obersten Lasagneblätter mit Bechamelsauce abgedeckt sind (5+6).
Mozzarella in kleine Würfel schneiden und zusammen mit geriebenem Edamer über die Lasagne streuen. Zum Schluss mit Olivenöl beträufeln und im auf 180° C vorgeheizten Backofen etwa 50 Minuten backen.
Falls die Lasagne an der Oberfläche zu viel Bräune annehmen sollte, dann mit Alufolie abdecken und etwa 5 Minuten vor Ende der Garzeit wieder entfernen.

**120

2

3

5

6

Lasagne mit Fleischsauce und Mozzarella

Penne mit Tomatensauce und Salsiccia

Italien

1 Schalotte, fein gewürfelt

½ Knoblauchzehe, fein gewürfelt

2 Tomaten, geschält und entkernt

300 ml Tomatensauce (Rezept s. S. 10)

500 g Penne rigate

400 g Salsiccia (rohe, grobe italienische Bratwurst)

3 EL Olivenöl extra vergine

1 EL Butter

Kristallsalz
schwarzer Pfeffer aus der Mühle

Fenchelgrün für die Garnitur

In einem flachen Topf Schalotten und Knoblauch in 2 EL Olivenöl glasig anschwitzen. Tomaten in kleine Stücke schneiden, dazugeben und mit Salz und Pfeffer würzen. Mit Tomatensauce aufgießen und einmal aufkochen lassen.
Penne in Salzwasser nach Packungsanleitung al dente kochen und unter die Sauce mischen.
Salsiccia in 1 cm große Stücke schneiden und in 1 EL Olivenöl und Butter goldbraun braten.
Da diese Bratwurst schon gesalzen ist, nur mit schwarzem Pfeffer aus der Mühle würzen.
Penne auf Tellern anrichten und die gebratenen Salsicciastücke über der Pasta verteilen.
Das Bratenöl ebenfalls noch über die Pasta träufeln, da dieses sehr viel Geschmack enthält.

Tipp
Wer keine Salsiccia bekommt, kann statt dessen auch grobe Bratwürste oder Lammbratwürste verwenden. Am besten beim Metzger vorbestellen.

**35

Chinesische Shrimpsnudeln mit Grapefruit, grünem Pfeffer und Grillhähnchen

Californien

4 Hähnchenkeulen

2 EL Maiskeimöl
½ TL Currypulver
½ TL Paprikapulver, scharf
1 Msp Ingwerpulver
schwarzer Pfeffer aus der Mühle
Kristallsalz

2 Pink Grapefruits

500 g feine Shrimpsnudeln (im Asiageschäft erhältlich)

4 EL Olivenöl extra vergine

2 EL grüner Pfeffer, in Lake

1 Bund dünne Lauchzwiebeln, in Ringe geschnitten

1 EL Shrimps-Chiliflakes

Hier treffen Shrimpsnudeln mit Grapefruit aufeinander – die Zitrusfrucht verleiht dem Gericht Frische.

Hähnchenkeulen im Gelenk halbieren und mit Marinade aus Maiskeimöl, Currypulver, Paprikapulver, Ingwerpulver, Pfeffer und Salz etwa 10 Minuten marinieren.
Auf den Grill legen oder in einer Grillpfanne von beiden Seiten etwa 10 bis 15 Minuten braten.
Grapefruits oben und unten abschneiden. Mit einem scharfen Messer die Grapefruit so abschälen, dass die gesamte weiße Haut abgetrennt ist. Filets herauslösen und Saft separat auffangen.
Shrimpsnudeln kochen und noch heiß in Olivenöl und Grapefruitsaft schwenken. Grapefruitfilets, angedrückte grüne Pfefferkörner, Lauchzwiebelringe und Shrimps-Chiliflakes zugeben und vorsichtig untermengen.
In Schalen anrichten und mit gegrillten Hähnchenkeulen garnieren.

** 60

Kalte Kokossuppe mit Reisnudeln und Ananas

Thailand

2 Vanilleschoten
800 ml gebundene Kokosmilch, ungesüßt
4 EL brauner Rohrzucker
2 cl brauner Rum
200 g breite Reisnudeln
250 g frische Ananasstücke

Vanilleschoten halbieren, Vanillemark auskratzen, zusammen mit braunem Zucker zur Kokosmilch geben, einmal aufkochen, durch ein feines Sieb in ein Gefäß passieren und mit Rum abschmecken. Reisnudeln kochen, abgießen und noch warm in die Kokosmilch geben. Im Kühlschrank auskühlen lassen.

In Schalen anrichten und mit geschnittenen Ananasstücken garnieren. Falls vorhanden, einige Blätter vom Ananasstrunk heraus ziehen, abwaschen und zur Dekoration verwenden.

** 45

Spaghetti mit kalter Tomatensauce

Italien

500 g Flaschentomaten, geschält und entkernt

2 weiße Zwiebeln, fein gewürfelt

½ Knoblauchzehe, fein gewürfelt

2 EL kleine Kapern, grob geschnitten

½ Bund Blattpetersilie, in feine Streifen geschnitten

½ Bund Basilikum, in feine Streifen geschnitten

einige helle Blätter vom Staudensellerie

1 EL scharfer Dijonsenf

2 EL Kapernwasser

1 EL Weißweinessig

8 EL Olivenöl extra vergine

Kristallsalz
1 Prise Kristallzucker
schwarzer Pfeffer aus der Mühle

500 g Spaghetti

1 Handvoll gezupfte Petersilien-, Basilikum- und Staudenselleriebätter als Garnitur

Geschälte und entkernte Tomaten in kleine Würfel schneiden. In einer großen Schüssel zusammen mit Zwiebelwürfeln, Knoblauch, grob geschnittenen Kapern, Kräutern, Dijonsenf, Essig und Kapernwasser sowie Olivenöl, Salz, Pfeffer und Zucker mischen und abschmecken. Im Kühlschrank für eine ½ Stunde gut durchkühlen lassen.
Spaghetti in Salzwasser nach Packungsanleitung bissfest garen, abgießen und sofort auf Teller verteilen.

Das Raffinierte an diesem Gericht: fein gewürfelte Tomaten, Zwiebeln, Knoblauch und Kräuter werden mit Senf und Essig vermischt und kalt über die warmen Nudeln gegeben.

Die kalte Tomatensauce über die heiße Pasta geben und mit Kräuterblättern bestreuen. Je nach Geschmack noch schwarzen Pfeffer über die Pasta geben.

Tipp
An heißen Sommertagen ist dieses Gericht eine Alternative zu kaltem frischen Salat und zu warmer Pasta – irgendwie von beidem etwas! Durch die säuerlich und pikant mit Senf angemachten Tomaten ist es ein sehr leichtes und besonders bekömmliches Sommeressen.

**25

Spaghetti mit Fenchelgras und Bottarga

Spanien

5 Stängel Fenchelgras
1 TL Fenchelsamen, gehackt
4 EL Olivenöl extra vergine
1 Knoblauchzehe, fein gehackt
200 ml trockener Weißwein
500 g Spaghetti
½ Bund Blattpetersilie
40 g geriebener Bottarga (Thunfischrogen)
30 Butter
schwarzer Pfeffer aus der Mühle

Getrockneter, eingesalzener Thunfischrogen verleiht diesem Gericht seinen pikant-fischigen Geschmack.

Fenchelgras und Fenchelsamen in Olivenöl anbraten, Knoblauch zugeben und mit Weißwein ablöschen. 5 Minuten leise köcheln lassen.
Spaghetti in der Zwischenzeit bissfest kochen, abschütten und zum Fenchelgras geben. Abgezupfte Petersilienblätter, geriebenen Bottarga und Butter unterschwenken, mit schwarzem Pfeffer würzen und anrichten.
Fenchelgras in der Pasta belassen und je nach Geschmack noch fein geschnittenen Bottarga über die Pasta geben.

**30

Conchiglie mit Calamares und Pfahlmuscheln

Italien

300 g Calamares, Tuben gewaschen und Köpfe geputzt

500 g kleine Pfahlmuscheln, gewaschen und geputzt

1 Schalotte, in feine Ringe geschnitten

2 Knoblauchzehen, in der Schale angedrückt

6 EL Olivenöl extra vergine

2 große Schöpfkellen Tomatensauce (Rezept s. S. 10)

500 g Conchiglie

1 Bund Basilikum, Hälfte in feine Streifen geschnitten

Kristallsalz
schwarzer Pfeffer aus der Mühle

Calamarestuben in 3 cm große Stücke schneiden, in einer beschichteten Pfanne Olivenöl erhitzen, Calamarestuben salzen und im heißen Öl rasch und scharf abraten.
Schalottenringe, Knoblauch und abgetropfte Pfahlmuscheln zugeben und mit Tomatensauce begießen.
Pfanne mit Deckel verschließen und Muscheln aufspringen lassen.
In der Zwischenzeit Conchiglie in reichlich Salzwasser bissfest kochen und in die Pfanne zur Sauce geben, vorsichtig untermischen.
Mit geschnittenen Basilikumblättern bestreuen und so lange noch vorsichtig weiterschwenken, bis die Conchiglie sich mit der Tomatensauce vermischt und vollgesogen haben.
Auf Tellern anrichten, mit restlichen Blättern Basilikum garnieren und mit schwarzem Pfeffer bestreuen.

**45

Nudel-Speckfleckerl

Nudel-Speckfleckerl

Österreich

1 junger Weißkohl

40 g Kristallzucker

300 g Zwiebeln, längs in Streifen geschnitten

60 g Schweineschmalz

200 ml trockener Weißwein

500 ml Wasser

40 g Butter

½ TL Kümmel, gehackt

1 Knoblauchzehe, fein gehackt

100 g geräucherter Speck ohne Schwarte, in Rauten geschnitten

250 g weißer Nudelteig, in Rauten geschnitten (Rezept s. S. 153)

Kristallsalz
schwarzer Pfeffer aus der Mühle

1 EL Blattpetersilie, fein geschnitten

Weißkohl in 2 cm große Rauten schneiden, in Salzwasser blanchieren, abschrecken und abtropfen lassen. In einer Kasserolle den Zucker mit wenig Wasser auflösen und goldgelb karamellisieren lassen. Schweineschmalz und Zwiebelstreifen zugeben und in etwa 10 Minuten langsam schmelzen lassen. Kohl zugeben und mit Weißwein ablöschen.
Etwa 20 bis 30 Minuten sanft dünsten, dabei ab und zu mit etwas Wasser ablöschen, damit der Kohl nicht anbrennt. Die Hälfte der Butter mit Kümmel und Knoblauch verkneten und den Weißkohl damit abschmecken.

Nudeln leicht mit Mehl bestäuben – so kleben sie nicht aneinander.

** 45

Durchwachsener Bauchspeck ist ein toller würziger Aromaspender für Nudeln.

Die Speckrauten in der restlichen Butter anbraten, die Nudelrauten in Salzwasser in 2 Minuten kochen und beides zum Kohl geben. Vermischen, mit Salz und Pfeffer abschmecken und beim Anrichten mit fein geschnittener Petersilie bestreuen.

Tomaten-Tagliolini mit Chilicrevetten und Champignons

Italien

250 g kleine Champignons, geviertelt

6 EL Olivenöl extra vergine

1 Schalotte, fein gewürfelt

2 Knoblauchzehen, fein gehackt

400 g kleine rohe Crevetten, ohne Schale
(oder TK-Ware)

2 große Schöpfkellen Tomatensauce (Rezept s. S. 10)

1–2 TL Chiliöl, nach Geschmack

1 Bund Basilikum, Hälfte in feine Streifen geschnitten

600 g frische Tomaten-Tagliolini (Rezept s. S. 158)

Kristallsalz
schwarzer Pfeffer aus der Mühle

In einer Pfanne Olivenöl erhitzen, Champignonviertel rasch und scharf anbraten, mit Salz und Pfeffer würzen. Schalotten und Knoblauch zugeben, kurz anschwitzen und rohe Crevetten beifügen. Mit Tomatensauce aufgießen und aufkochen lassen. Mit Chiliöl je nach gewünschter Schärfe abschmecken und geschnittene Basilikumblätter untermengen.
In der Zwischenzeit Tomaten-Tagliolini in reichlich kochendes Salzwasser geben, einmal aufkochen und sofort in ein Sieb abgießen. Zur Sauce geben, vorsichtig untermischen. Mit einer Fleischgabel Tagliolini portionsweise aufrollen und auf Teller verteilen. Die in der Pfanne verbleibende Sauce und Crevetten noch über den Tagliolini verteilen und mit Basilikumblättern garnieren.

Tipp
Da die Tagliolini frisch und sehr dünn geschnitten sind, reicht ein einmaliges Aufkochen im Topf vollkommen aus, um die Pasta zu garen. Wenn diese noch etwas zu fest sein sollte, dann eher eine Weile länger in der Sauce schwenken. So kommt der Geschmack der Sauce in der Pasta voll zur Geltung.

** 30

Nudelsuppe mit Petersilie und Liebstöckel

**30

Nudelsuppe mit Petersilie und Liebstöckel

Deutschland

1 Suppenhuhn (1,3 kg)

3 l Wasser

200 g Zwiebeln, geschält

150 g Karotten, geschält
3 Stangen Staudensellerie
1 Lauchstange
1 Fenchelknolle

1 Knoblauchknolle, halbiert

4 Lorbeerblätter
2 Nelken
8 Wacholderbeeren
4 Pimentkörner
10 schwarze Pfefferkörner
1 EL Meersalz

1 Bund von Petersilienstielen
1 Bund Fenchelgrün
einige Staudensellerieblätter

250 g frisch geschnittene Suppennudeln
(Rezept s. S. 153)

Kristallsalz (oder Meersalz)

½ Bund Blattpetersilie

½ Bund Liebstöckel
(auch Maggikraut genannt)

frisch geriebene Muskatnuss

Suppenhuhn von innen und außen gut waschen und von allen Blutresten befreien. In einen Topf mit kaltem Wasser geben, Wasser mit Meersalz würzen und langsam zum Kochen bringen.
Zwischendurch Schaum oder geronnenes Eiweiß mit einer Schaumkelle abschöpfen und eine ½ Stunde leise köcheln lassen, ohne dabei abzufetten.
Gemüse, Gewürze und Kräuter dazugeben und 1 weitere Stunde köcheln lassen.
Gelegentlich mit Wasser auf die ursprüngliche Wassermenge aufgießen.
Suppenhuhn und gekochtes Gemüse vorsichtig heraus nehmen und bis zur weiteren Verarbeitung abdecken.
Suppe durch ein feines Sieb passieren und beiseite stellen.
Gekochtes Gemüse in Stücke schneiden und wieder in die Suppe geben. Haut vom gekochten Huhn abziehen und Fleisch mit einem Messer von den Knochen lösen.
Ebenfalls in Stücke schneiden und zur Suppe geben.
Nudeln in reichlich Salzwasser 2 Minuten kochen, abschütten und in die Suppe geben. In tiefen Tellern anrichten, mit Muskatnuss und fein geschnittener Blattpetersilie und Liebstöckel bestreuen.

Tipp
Das kalt gewordene Hühnerfett auf der Suppe ist eine Art Schutzschicht. Es kann auch anstatt von Butter oder Öl zum Anbraten von Gemüse verwendet werden.

Pesto

Italien

2 Bund Basilikum

1 Bund Blattpetersilie

3 Knoblauchzehen

5 EL geröstete Pinienkerne

150 g Parmesan, frisch gerieben

200 ml Olivenöl

Kristallsalz
schwarzer Pfeffer aus der Mühle

Basilikum- und Petersilienblätter abzupfen, Knoblauchzehen schälen und alles im Küchenmixer mit Pinienkernen, geriebenem Parmesan und der Hälfte des Öls mixen.
Mit Salz und Pfeffer würzen und das restliche Öl durch die Öffnung des Küchenmixers einlaufen lassen, bis eine pastose Konsistenz entstanden ist.

Tipp
Die beliebte kalte Sauce passt am besten zu Spaghetti oder anderer langer Pasta. Pesto hält sich in einem gut verschlossenen Glas im Kühlschrank mehrere Tage frisch.

Linguine al Pesto

Italien

Im Kühlschrank hält sich frisches Pesto im Schraubglas verschlossen einige Tage – vorausgesetzt es bleibt was übrig.

500 g Linguine

120 g Pesto (Rezept s. S. 92)

2 EL geröstete Pinienkerne

½ Bund Basilikum

Kristallsalz

Salzwasser zum Kochen bringen und Linguine darin in etwa 8 Minuten al dente kochen. Auf ein Sieb schütten, abtropfen lassen und dabei etwas Kochwasser auffangen und beiseite stellen. Pasta in einen breiten Topf geben, Pesto zugeben und einen guten Schuss Kochwasser beimischen.
Zusammen erhitzen, bis das Pesto mit der Pasta gebunden ist – dies geschieht, wenn der im Pesto enthaltene Käse schmilzt und genügend Flüssigkeit vorhanden ist.
Auf Tellern anrichten, mit gerösteten Pinienkernen und Basilikumblättern bestreuen.

Die Zutaten kann man im Mörser zerreiben – einfacher geht's in der Küchenmaschine.

** 30

Maisrigatoni mit Bohnenchili

Mexiko

20 g Zucker

60 ml Obstessig

40 g Schweineschmalz

300 g weiße Zwiebeln, gewürfelt

1 Knoblauchzehe, fein gewürfelt

250 g Wachtel- oder Kidneybohnen,
2 Stunden eingeweicht

1 EL Tomatenmark
1 Dose Tomaten, geschält (etwa 400 g)

500 ml Wasser

250 g rote und gelbe Paprikawürfel

150 g Maiskörner

Tabasco

500 g Maisrigatoni

200 g Sauerrahm

Kristallsalz
schwarzer Pfeffer aus der Mühle

Die Bohnen nach dem Einweichen abtropfen lassen.

Zucker goldgelb karamellisieren lassen und mit Obstessig ablöschen. Fast vollständig verkochen lassen. Schweineschmalz zugeben und Zwiebelwürfel sowie Knoblauch darin glasig werden lassen. Eingeweichte Wachtelbohnen zugeben, salzen und pfeffern und anschwitzen. Tomatenmark kurz mitrösten und mit geschälten Tomaten sowie Wasser aufgießen.
Im Ofen bei geschlossenem Topf etwa 35 Minuten bei 180° C garen.
Nach 15 Minuten die Paprikawürfel und Maiskörner zugeben.
Das Bohnenchili ist fertig, wenn die Konsistenz glänzend und dicklich ist.
Zum Schluss noch je nach Geschmack mit Tabasco abschmecken.
Maisrigatoni in Salzwasser nach Packungsangabe kochen und unter das Bohnenchili mischen.
Noch kurz mitgaren und auf Tellern anrichten.

Um der Pasta etwas Frische zu verleihen, zum Schluss noch etwas Sauerrahm darüber geben und schwarzen Pfeffer aus der Mühle darüber mahlen.

** 60

Pizzocheri mit Kartoffeln und Weißkohl

Schweiz

** 30

300 g gekochte Kartoffeln in der Schale, vom Vortag

2 EL Maiskeimöl

20 g Butter

½ Weißkohl, mittelgroß

Kristallsalz

2 Zwiebeln, der Länge nach in dünne Streifen geschnitten

½ Knoblauchzehe, fein gehackt

1 TL Kümmel, gehackt

400 g Vollkornhörnchennudeln

150 g alter Gruyère, gerieben

1 EL Blattpetersilie, fein geschnitten

Gekochte Kartoffeln vom Vortag schälen und in 2 cm große Würfel schneiden. In einer beschichteten Pfanne in der Hälfte des Öls und Butter kross anbraten. Heraus nehmen und beiseite stellen. Weißkohl vierteln und Strunk heraus schneiden. Welke und braune äußere Blätter entfernen. In 3 cm große Stücke schneiden und in Salzwasser etwa 2 Minuten blanchieren. Nur kurz in das kochende Wasser geben und mit einem Schaumlöffel heraus heben. In der Zwischenzeit restliches Öl und Butter erhitzen und Knoblauch und Zwiebelstreifen glasig anschwitzen. Blanchierten Weißkohl zugeben und 5 Minuten sanft weiterdünsten.

Mit einen großen Messer geht's ganz einfach – Kohl halbieren, vierteln und den Strunk entfernen.

Der junge Kohl ist fein geschnitten schnell gar – damit er noch Biss hat, nur kurz blanchieren

Gehackten Kümmel und Kartoffeln zugeben und in Salzwasser gekochte, noch warme Vollkornhörnchen untermischen. Noch einige Minuten weiterdünsten, damit sich die Aromen der einzelnen Zutaten gut vermischen können. Zum Schluss geriebenen Käse und geschnittene Petersilie untermischen und noch so lange erhitzen und schwenken, bis der Käse schmilzt. Dazu am besten ein kühles Bier servieren und je nach Bedarf ein Gläschen gekühltes Kirschwasser!

Tipp

Kümmel lässt sich leichter hacken, wenn man etwas Öl darüber träufelt. Damit haften die einzelnen Kümmelspalten aneinander und springen beim Hacken nicht mehr durch die Küche.

Reisvermicellisalat mit Paprika und Shrimps-Chiliflakes

Thailand

400 g Reisvermicelli

je 1 rote und gelbe Paprikaschote, halbiert und entkernt

1 Bund Lauchzwiebeln

½ TL Ingwerknolle, frisch gerieben

3 EL Fischsauce

2 EL Austernsauce

1 Prise Zucker

Saft von 2 Limetten

½ Bund Koriander

½ Knoblauchzehe, fein gehackt

einige Tropfen Sesamöl

5 EL Erdnussöl

1 EL Shrimps-Chiliflakes (im Asiageschäft erhältlich)

Die Vinaigrette gut verquirlt über die Vermicelli geben.

Reisvermicelli in kochendem Wasser garen und sofort mit kaltem Wasser abschrecken. In eine große Schüssel geben, mit in Streifen geschnittenen Paprikaschoten, in Ringe geschnittenen Lauchzwiebeln und gehacktem Koriander anmachen.
Für die Vinaigrette Fisch- und Austernsauce zusammen mit Zucker, Limettensaft, gehacktem Koriander, Knoblauch, Sesam- und Erdnussöl verquirlen.
Mit den restlichen Zutaten vermischen und etwa eine ½ Stunde marinieren.
Glasnudelsalat entweder in Portionsschalen oder auf einer großen Platte anrichten. Zum Schluss mit Shrimps-Chiliflakes bestreuen und servieren.

Tipp
Je nach Geschmack kann man gebratene Garnelen, Pilze oder Geflügel unter den Salat mischen.

** 30

1
2
3
7
8
9
13
14
15
19
20
21

Pasta Sorten

1 Fiorelli
2 Gemelli
3 Fideo
4 Maccheroncini
5 Schweizer Walznudeln
6 Feine Reisvermicelli
7 Riccioli
8 Gnocchette
9 Lasagne
10 Caserecci
11 Chinesische Schnellkochnudeln
12 Gnocchi
13 Farfalle
14 Trulli
15 Geschabte Spätzle
16 Muschelnudeln
17 Steinpilznudeln
18 Udon-Nudeln
19 Bucatini
20 Capellini
21 Vollkornhörnchennudeln
22 Glasnudeln
23 Schweizer Rollini
24 Rice Vermicelli

1
2
3
7
8
9
13
14
15
19
20
21

Pasta-Sorten

1 Suppennudeln
2 Rotelle
3 Japanische Weizennudeln
4 Tortiglioni / Rigatoni
5 Fusilli
6 Tomoshiraga Somen
7 Conchiglie rigate
8 Thin dried Noodles
9 Orecchiette
10 Tubetti rigati
11 Fusilli bucati lunghi
12 Penne lisce
13 Buchstabennudeln
14 Eliche
15 Tagliolini
16 Japanische Buchweizennudeln
17 Spiralen
18 Reisvermicelli
19 Shrimpsnudeln
20 Oriental Style
21 Penne rigate
22 Bavette
23 Lumaconi
24 Spaghetti

Bavette livornese

Italien

2 Doradenfilets

2 Rotbarbenfilets

2 Seewolffilets

300 g kleine Gambas mit Kopf

2 Knoblauchzehen, in der Schale angedrückt

schwarzer Pfeffer aus der Mühle

1 Handvoll Blattpetersilienblätter

6 EL Olivenöl extra vergine

Saft einer ½ Zitrone

2 große Schöpfkellen Tomatensauce (Rezept s. S. 10)

500 g Bavette

einige Blätter Basilikum, fein geschnitten

Kristallsalz

Doradenfilets, Rotbarbenfilets und Seewolffilets von allen Schuppen und restlichen Gräten befreien und in 3 cm breite Stücke schneiden. Zusammen mit Gambas, Knoblauchzehen, Pfeffer, Petersilienblättern und 3 EL Olivenöl vermischen und mit Zitronensaft etwa 1 Stunde marinieren.
In einer beschichteten Pfanne restliches Olivenöl erhitzen, marinierte Fische salzen und in heißem Öl rasch und scharf anbraten. Tomatensauce zugeben und einmal aufkochen lassen.
Die in der Zwischenzeit in reichlich Salzwasser bissfest gekochten Bavette in die Pfanne geben und vorsichtig untermischen.
Bavette mit geschnittenen Basilikumblättern bestreuen und so lange noch vorsichtig weiterschwenken, bis die Bavette sich mit der Tomatensauce vermischt und vollgesogen haben.

Shrimps und Fischstücke holen sich in der Marinade aus Kräutern, Knoblauch und Zitrone noch etwas Aroma.

Zum Schluss noch mit einigen Blättern Petersilie garnieren.

Tipp
Für dieses Pastagericht kann und sollte man seine eigene Mischung an Fischen und Meeresfrüchten zusammenstellen. Ob Gambas, Shrimps, Calamaretti, Venusmuscheln, Oktopus, Kammmuscheln, Drachenkopf, Seeteufel oder Sardinen, alles ist erlaubt – es muss nur schmecken!

** 45

**35

Tagliatelle mit Lachs in Zitronensauce

Frankreich

350 g rohes Lachsfilet ohne Haut

Saft von 2 Zitronen

Zesten einer unbehandelten Zitrone,
in Wasser abgekocht und in Streifen geschnitten

2 EL Olivenöl extra vergine

Kristallsalz
schwarzer Pfeffer aus der Mühle

300 ml Weißweinsauce (Rezept s. rechts)

500 g frische Tagliatelle (Rezept s. S. 153)
ersatzweise 400 g getrocknete

Lachs in dünne Scheiben schneiden und mit etwas Zitronensaft, einigen Zitronenschalenstreifen und 1 EL Olivenöl marinieren.
Weißweinsauce erhitzen und mit dem restlichen Zitronensaft, Salz und Zitronenstreifen abschmecken.
Frische Tagliatelle in Salzwasser etwa 2 Minuten kochen – getrocknete Tagliatelle nach Anleitung auf der Packung kochen.
Lachs in die Zitronen-Weißwein-Sauce geben. Gekochte, gut abgetropfte Tagliatelle hinzufügen und vorsichtig vermischen, da der Lachs sonst leicht zerfällt.
Auf Tellern anrichten und mit halben gegrillten Zitronen anrichten.

Weißweinsauce

1 Schalotte, geschält

2 kleine Champignons

1 TL Butter

100 ml trockener Weißwein
4 cl Noilly Prat

250 ml Fischsud

125 g Sahne
100 g Crème fraîche

Kristallsalz
Cayennepfeffer

etwas Zitronensaft

Schalotte und Champignons in dünne Scheiben schneiden und in Butter anschwitzen. Mit Weißwein und Noilly Prat ablöschen und fast völlig verkochen lassen. Den Fischsud dazugießen und so lange einkochen, bis die Sauce sirupartig ist – auf diese Weise wird der Geschmack konzentriert. Sahne und Crème fraîche zugießen und aufkochen lassen, mit Salz, Cayennepfeffer und Zitronensaft abschmecken. Sauce mit Pürierstab mixen und durch ein feines Sieb passieren.

Mit einem Sparschäler lassen sich die Zitronen ganz leicht schälen.

Feine Julienne, kurz blanchiert – so kommen die Zitronenschalen über die Nudeln.

Glasnudelsalat mit Tomatenchutney, Pfirsich und Shrimps

Thailand

400 g Glasnudeln

2 Tomaten, geschält und entkernt

1 weiße Zwiebel, gewürfelt

Saft von 2 Limetten

4 EL Olivenöl extra vergine

Kristallsalz
schwarzer Pfeffer aus der Mühle

2 reife Pfirsiche

200 g gekochte Shrimps, geschält

½ Bund Koriander
½ Bund Schnittknoblauch

Glasnudeln kurz in kochendes Wasser geben und sofort mit kaltem Wasser abschrecken.
In einer große Schüssel zum Anmachen beiseite stellen.
Entkernte Tomaten in kleine Würfel schneiden und zusammen mit Zwiebelwürfeln, Limettensaft, Olivenöl, Salz und schwarzem Pfeffer marinieren.
Pfirsichhaut mit einem kleinen scharfen Messer kreuzweise einritzen und für einige Sekunden in kochendes Wasser geben, damit sich die Haut abziehen lässt.
Fängt die Haut an, sich abzulösen, sofort in ein Gefäß mit Eiswasser geben, um den Garvorgang zu stoppen.
Haut sodann abziehen, Pfirsiche halbieren und in kleine Spalten schneiden.

Zusammen mit Shrimps und kaltem Tomatenchutney zu den Glasnudeln geben.
Schnittknoblauch und 1 Bund Koriander fein schneiden und in den Salat geben.
Eine ½ Stunde im Kühlschrank marinieren und dann anrichten. Zum Schluss mit einigen Korianderblättchen garnieren.

**35

Pilztagliatelle mit gebratenem Ziegenkäse und Rosmarinbutter

Frankreich

4 Flaschentomaten, geschält und entkernt und in Würfel geschnitten

4 EL Olivenöl extra vergine

2 gereifte Ziegenkäserollen
à 125 g (St. Maure)

150 g Crème fraîche

1 EL frische Rosmarinnadeln

600 g frisch geschnittene Pilztagliatelle
(Rezept s. S. 158)

Kristallsalz
schwarzer Pfeffer aus der Mühle

In Würfel geschnittene Tomaten mit Salz, schwarzem Pfeffer und etwas Öl würzen und beiseite stellen.
Ziegenkäse in 12 etwa 2 cm dicke Scheiben schneiden und die Abschnitte beiseite legen. Scheiben in einer beschichteten Pfanne von einer Seite langsam braten, bis der Käse eine Kruste bildet und goldgelb wird.
In der Zwischenzeit Tagliatelle in reichlich Salzwasser bissfest kochen und in eine Pfanne mit Crème fraîche und restlichem, in kleine Stücke geschnittenem Ziegenkäse geben – kräftig mit schwarzem Pfeffer würzen.
Tagliatelle auf vier Teller verteilen.
Je drei gebratene Ziegenkäsescheiben mit der gebratenen Seite nach oben mit einer Palette vorsichtig um die Tagliatelle herum legen.
Mit marinierten Tomatenwürfeln bestreuen und zum Schluss mit in Olivenöl kross gebratenen Rosmarinnadeln garnieren.

Tipp
Ziegenkäse sollte optimalerweise ohne Asche und halbtrocken sein. Ist der Käse zu reif, kann es passieren, dass er fast gänzlich beim Braten in der Pfanne zerläuft.

**40

Fusilli bucati lunghi mit gebratener Wachtel und Nelkenschwindlingen

Italien

4 Stück Wachteln, Keulen und Brüste ausgelöst

200 g frische Nelkenschwindlinge
(ersatzweise Pfifferlinge oder Mairitterlinge)

3 Nelken, fein zerstoßen
1 TL frische Majoranblätter
1 Lorbeerblatt

6 EL Maiskeimöl

2 EL Butter

1 große Schöpfkelle Tomatensauce
(Rezept s. S. 10)

500 g Fusilli bucati lunghi

Kristallsalz
schwarzer Pfeffer aus der Mühle
Parmesanspäne als Garnitur

Ausgelöste Wachtelbrüste und -keulen auf einen Teller geben.
Mit einigen Nelkenschwindlingen, Pfeffer, zerstoßenen Nelken, Majoranblättern, Lorbeerblatt und 2 EL Öl etwa eine ½ Stunde marinieren.
In einer großen Pfanne 4 EL Öl erhitzen, gesalzene Wachtelteile mit der Hautseite nach unten in die Pfanne legen und nur auf der Hautseite sanft etwa 8 bis 10 Minuten braten. Dabei die Wachtelteile öfters mit dem eigenen Fett begießen.
Gebratene Wachtelteile heraus nehmen, auf einen Teller geben und warm halten. In dieselbe Pfanne Butter geben und aufschäumen lassen, die geputzten Pilze hineingeben und mit Salz und Pfeffer würzen.
Tomatensauce hinzugeben.

Die Wachtelbrüste und -keulen marinieren etwa 1 Stunde mit Kräutern, Pilzen und Gewürzen.

Pasta in der Zwischenzeit bissfest nach Packungssanleitung kochen und in die Pfanne geben.
Alles durchschwenken und auf Tellern anrichten.
Auf jeden Teller zwei Brüste und zwei Keulen geben.
Zum Schluss mit Parmesanspänen garnieren und servieren.

Tipp
Nelkenschwindling ist ein recht verbreiteter Pilz und taucht als einer der ersten im Frühjahr auf und schmeckt sehr würzig.
Frisch oder getrocknet verströmt er ein sehr intensives Eichen- und Nelkenaroma und schmeckt am besten in Butter angebraten.

** 45

Chinesische Eiernudeln mit Rindfleischstreifen und gebratenen Shii-Take-Pilzen

China

250 g chinesische Eiernudeln
500 g Rinderlende, in dünne Streifen geschnitten
etwas helle Sojasauce
4 EL Hoisin-Sauce
2 mittelgroße Karotten, geschält
150 g Shii-Take-Pilze
300 g geputzte Broccoliröschen
6 EL Erdnussöl
1 TL Sambal oelek
½ Bund Thai-Basilikum
1 EL Shrimps-Chiliflakes

Nicht jedermanns Geschmack – es darf aber gerne nachgewürzt werden.

Eiernudeln nach Anweisung auf der Packung kochen. Auf ein Sieb schütten und kalt abschrecken. Gut abtropfen lassen.
Rindfleischstreifen mit etwas Sojasauce und einigen Spritzern Hoisin-Sauce marinieren.
Karotten in Streifen schneiden und Shii-Take-Pilze je nach Größe halbieren.
4 EL Öl in einem Wok erhitzen und das Gemüse nacheinander unter Rühren anbraten. Mit Broccoli und Karotten beginnen und mit Pilzen aufhören.
Wok mit einem trockenen Tuch auswischen und das restliche Öl darin erhitzen.
Mariniertes Rindfleisch schnell und heiss anbraten und die gekochten Nudeln sowie das angebratene Gemüse untermischen – das Gemüse sollte knackig sein.
Mit Hoisin-Sauce und Sambal oelek würzen, Thai-Basilikumblätter und Shrimps-Chiliflakes zum Schluss darüber streuen und sofort servieren.

**35

Farfalle mit Räucherlachs, frischen Erbsen und Minzepesto

Italien

500 g frisch ausgebrochene Erbsen

30 g Butter

4 cl Noilly Prat

125 g Sahne
100 g Crème fraîche

Kristallsalz
frisch geriebene Muskatnuss

etwas Zitronensaft

500 g Farfalle

1 Bund Minze
½ Bund Blattpetersilie

2 EL gemahlene Mandeln

1 EL geriebener Parmesan

8 EL Olivenöl extra vergine

200 g dünn geschnittenen Räucherlachs,
in 2 cm breite Streifen geschnitten

Erbsen in Butter anschwitzen, mit Salz und Muskatnuss würzen und mit Noilly Prat ablöschen. Sahne und Crème fraîche zugeben, mit Zitronensaft und Salz abschmecken. Farfalle nach Packungsanleitung bissfest in Salzwasser kochen.
Abgezupfte Minze- und Petersilienblätter sowie Mandelgrieß und geriebenen Parmesan in einen Küchenmixer geben. Mit Salz und Pfeffer würzen und mit Olivenöl zu einer cremigen Konsistenz pürieren. Sofort kühl stellen, da sonst diese Art des Pesto an Farbe verlieren könnte.
Farfalle in die Sauce geben und durchschwenken. Räucherlachs im letzten Moment unterschwenken und auf Tellern anrichten. Zum Schluss jeweils einen Teelöffel Minzepesto über die Pasta träufeln, mit einigen Minzeblättern garnieren und sofort servieren.

** 40

Reisnudeln mit Broccoli und Curryrührei

Thailand

250 g Glasnudeln

1 Broccoli (etwa 500 g)

150 g Shii-Take-Pilze

1 Bund junger Lauch

1 Knoblauchzehe, in Scheiben geschnitten

1 EL Sesamöl
1 TL frisch geriebener Ingwer
6 EL Erdnussöl

3 Eier

½ TL Currypulver

2 EL Sojasauce

½ Bund Koriandergrün

Glasnudeln in Salzwasser kochen, abschütten und mit kaltem Wasser abschrecken.
Mit der Küchenschere einige Mal durchschneiden, da die Nudeln sonst zu lang sind. Danach abdecken und bis zur weiteren Verarbeitung beiseite stellen.
Broccoliröschen abschneiden, Strunk schälen, halbieren und in Streifen schneiden.
Shii-Take-Pilze putzen und halbieren.
Lauch in 3 cm lange Stücke schneiden.
Im Wok 2 EL Öl erhitzen und Broccolistiele darin 2 Minuten scharf anbraten und heraus nehmen.
Broccoliröschen im Wok scharf anbraten und ebenfalls heraus nehmen.
Shii-Take anbraten, Knoblauch und Sesamöl zugeben, dann Lauchzwiebeln darin anbraten und nun den Broccoli wieder dazugeben.
Mit Currypulver und etwas frisch geriebenem Ingwer würzen. Das angebratene Gemüse nun von der Mitte an die Seiten schieben. Eier mit Sojasauce, Curry, Ingwer und klein geschnittenem Koriandergrün verquirlen und in die Mitte des heißen Woks geben.
Eier stocken lassen und zwischendurch umrühren.
Zum Schluss die Glasnudeln dazugeben und alles gut vermischen und kurz weiterrösten.
Auf kleine Schälchen verteilen und servieren.

Hier wird nichts weggeworfen – junger Lauch, feine Pilze und der Strunk vom Broccoli, alles landet im Topf.

Die passenden Aromen für Reisnudeln – Currypulver und Sojasauce.

** 40

Broccolistiele scharf anbraten und heraus nehmen (1).
Broccoliröschen ebenfalls anbraten und heraus nehmen (2).
Dann die Shii-Take-Pilze anbraten (3).
Knoblauchscheibchen zu den Pilzen geben und anbraten (4)
Lauchzwiebeln dazugeben und mitbraten (5).
Broccolistiele wieder dazugeben (6).
Gewürze zugeben (7).
Gemüse an den Rand des Wok schieben (8).
Rührei in die Mitte geben und stocken lassen (9).
Eier durchrühren und mit dem Gemüse vermischen (10).
Glasnudeln dazugeben und alles gut vermischen (11).

Caserecci mit Garnelen, Salatgurke und Zitronen

Italien

1 Salatgurke, geschält
1 Knoblauchzehe, fein gehackt
1 getrockneter Peperoncino, fein zerrieben
4 EL Olivenöl
Kristallsalz
20 Garnelen, ohne Kopf und Schale
2 EL Butter
500 g Caserecci
1 Bund Blattpetersilie, fein gehackt
2 Zitronen, in Spalten geschnitten

Salatgurke der Länge nach halbieren und in 4 cm lange und 1 cm breite Stifte schneiden. Knoblauch und Peperoncino in Olivenöl anbraten. Gurken dazugeben und weitere 4 Minuten dünsten. Butter zugeben und Garnelen darin sanft garen.
Caserecci in reichlich kochendem Salzwasser etwa 8 Minuten al dente garen. Über einem Sieb abgießen und zu den Garnelen geben. Gehackte Petersilie unter die Pasta schwenken und auf einer Platte anrichten. Mit in Spalten geschnittenen Zitronen garnieren, welche man im nach Belieben über den Garnelen ausdrückt.

**35

Tortellini al brodo mit Staudensellerie

Für die Füllung die Zutaten gut miteinander vermengen. Die Masse darf weder zu feucht noch zu trocken sein.

Es geht auch mit dem Nudelholz – aber mit der Nudelmaschine geht's einfacher.

Nicht zu dicke Kleckse auf die Teigquadrate setzen – sonst reißt der Teig beim Zuklappen.

Ränder mit Ei einpinseln, zuklappen, leicht andrücken – fertig sind die Tortellini

Tortellini al brodo mit Staudensellerie

Italien

Kochen Sie eine Hühnerbrühe nach dem Rezept auf Seite 16

2 Eigelbe

1 Bund Blattpetersilie

Kristallsalz
frisch geriebene Muskatnuss
schwarzer Pfeffer aus der Mühle

500 g Ravioliteig (Rezept s. S. 162)

1 Ei
einige helle Blätter vom Staudensellerieherz
einige Stängel Blattpetersilie

Für die Füllung das gesamte Hühnerfleisch ohne Haut vom Knochen lösen und noch warm in kleine Würfel schneiden. Gekochtes Gemüse wie Karotten, Fenchel und Lauch ebenfalls klein schneiden. Alle Zutaten noch warm mit Eigelben binden. Mit fein gehackter Petersilie, Salz, schwarzem Pfeffer und Muskatnuss würzen und bis zur weiteren Verarbeitung beiseite stellen.

Ravioliteig auf der Nudelmaschine dünn ausrollen. Wichtig ist es, den Teig mehrmals durch die Maschine zu rollen. Die Platten dabei immer wieder mit Mehl bestäuben, zusammenfalten und wieder durch die Maschine drehen. So erhält der Teig die gewünschte Konsistenz. In 10 bis 12 cm große Quadrate schneiden und mit einem Kaffeelöffel kleine haselnussgroße Portionen der Füllung auf die Teigquadrate geben.
Ei mit einem 1 EL Wasser verquirlen.

Ränder mit einem Pinsel dünn bestreichen. Spitzen diagonal zusammenklappen und die Ränder fest andrücken, damit ein Dreieck entsteht.
Dreieck so vor sich legen, dass der rechte Winkel nach oben gerichtet ist. Die beiden seitlichen Enden jeweils zwischen Zeigefinger und Daumen nehmen und nach unten zusammenführen und andrücken. Ravioli in leise köchelnder Hühnersuppe in 2 bis 3 Minuten gar ziehen lassen.
In Suppentellern anrichten und zum Schluss mit Staudenselleriebblättern, fein geschnittener Blattpetersilie und schwarzem Pfeffer bestreuen.

Tipp
In Italien gibt man am Tisch noch gerne einen Löffel geriebenen jungen Parmesan und einige Tropfen Olivenöl darüber, natürlich nur extra vergine.

Grüne Pappardelle mit kleinen Pfifferlingen und Lachs

Italien / Frankreich

250 g rohes Lachsfilet, ohne Haut

etwas Zitronensaft

250 g Pfifferlinge, geputzt

30 g Butter

150 g Sahne
50 g Crème fraîche

600 g grüne Pappardelle (Rezept s. S. 157)

½ Bund Blattpetersilie, gehackt

Kristallsalz
schwarzer Pfeffer aus der Mühle
frisch geriebene Muskatnuss

Lachsfilet in 1 cm dünne und 5 cm lange Streifen schneiden und in Zitronensaft marinieren. Pfifferlinge in einer Pfanne in Butter anschwitzen. Mit Salz, Pfeffer und Muskatnuss abschmecken und mit Sahne sowie Crème fraîche aufgießen. Aufkochen lassen und die in reichlich Salzwasser etwa 2 Minuten gekochten Pappardelle sowie die marinierten Lachstreifen zugeben und durchschwenken.
Mit gehackter Petersilie bestreuen und mit Pfeffer und Muskatnuss abschmecken.

Tipp
Dieses Gericht kann auch mit Tagliatelle oder Tagliolini zubereitet werden. Wer es leichter mag, kann anstatt der Sahnesauce auch zwei Lauchzwiebeln in Ringe schneiden und einige halbierte Kirschtomaten anschwitzen, das passt ebenfalls sehr gut zu Pfifferlingen.
Haben Sie Steinpilze zur Hand – der Lachs freut sich.

Pfifferlinge nicht waschen – nur mit einer feinen Bürste von Sand und Erde befreien und mit einem Messer putzen.

**40

So eine Parmesanreibe ist besonders praktisch: Nichts von dem Käse geht daneben, alles wird in der Schublade gesammelt und kann je nach Bedarf über die Pasta gestreut werden.

Käsespätzle mit Röstzwiebeln

Süddeutschland

7 Eier

350 g Mehl Type 405

Kristallsalz
weißer Pfeffer aus der Mühle
frisch geriebene Muskatnuss

200 g Zwiebeln, längs in Streifen geschnitten

80 g Butter

200 g Allgäuer Emmentaler

2 weiße Zwiebeln, in Scheiben geschnitten

1 EL Mehl Type 405

1 TL Paprikapulver, edelsüß

1 l Erdnussöl zum Ausbacken

Eier mit Mehl, 1 EL Wasser, Muskatnuss und Salz zu einem glatten Teig, verarbeiten und etwa 15 Minuten ruhen lassen. Der Teig muss Blasen werfen.
Butter schmelzen, Zwiebelstreifen hineingeben und dünsten, bis sie eine schöne goldbraune Farbe haben.
Den Spätzleteig auf ein nasses Holzbrett geben, über den Rand laufen lassen und mit einer Palette direkt in kochendes Salzwasser schaben.
Kurz aufkochen lassen. Wenn die Spätzle an die Oberfläche steigen, mit einem Schaumlöffel heraus nehmen und mit dem frisch geriebenen Emmentaler lagenweise in eine feuerfeste Form schichten. Pfeffern und mit etwas Kochwasser angießen. Im auf 200° C vorgeheizten Ofen kurz überbacken, damit der Käse richtig schmilzt.

In der Zwischenzeit die Zwiebelscheiben auf einem Küchenblech verteilen und in Ringe lösen. Mit Mehl und Paprikapulver bestreuen und in 160° C heißem Öl goldgelb ausbacken.
Auf einen mit Küchenkrepp ausgelegten Teller geben und leicht salzen.
Käsespätzle auf Tellern verteilen und zum Schluss mit gebackenen Zwiebelringen garnieren.

Tipp
Falls man es mal eilig hat, getrocknete hausgeschabte Spätzle nehmen, so kommt man schnell in diesen würzigen Genuss.

**40

Rotelle mit Kürbissauce im Kürbis gebacken

USA

Deckel vom Kürbis abschneiden, Fruchtfleisch entfernen – schon hat man eine hübsche Suppenschüssel.

Das Kürbisfleisch lässt sich am besten mit einem Esslöffel mit feinem Rand ausschaben.

1 Hokkaido-Kürbis von etwa 1,5 kg

1 Schalotte, fein gewürfelt

½ Knoblauchzehe, fein gewürfelt

60 g Butter

1 Karotte, gewürfelt

1 Stange Staudensellerie, gewürfelt

1 TL Paprikapulver edelsüß
1 TL Currypulver
1 Msp Ingwerpulver

1 EL Tomatenmark

1 EL Weißweinessig

500 ml Hühnerbrühe (Rezept s. S. 16)

Kristallsalz
schwarzer Pfeffer aus der Mühle
frisch geriebene Muskatnuss

400 g Rotelle

100 g Cheddar, gerieben

150 g Crème fraîche

Deckel vom Kürbis abschneiden und Unterseite begradigen, damit er sicher steht. Mit einem Löffel das faserige Innere und die Kerne heraus schaben.
Das Kürbisfleisch bis auf einen Rand von etwa 1 cm auslösen und in 1 cm große Würfel schneiden.
Schalotten und Knoblauch in Butter anschwitzen, Gemüse dazugeben und weitere 5 Minuten anschwitzen.
Kürbisfleisch dazugeben, salzen und pfeffern. Alles leicht rösten, ohne dabei Farbe zu geben.
Mit Paprikapulver, Curry und Ingwerpulver bestäuben und mit Essig ablöschen (der verhindert, dass Paprikapulver bei zu starker Hitze bitter wird).
Tomatenmark zugeben und kurz anrösten.

Hühnerbrühe aufgießen und etwa 20 Minuten zugedeckt dünsten, bis der Kürbis zerfällt. Mit einem Mixstab pürieren und mit Salz und Muskatnuss abschmecken.

In der Zwischenzeit die Rotelle in Salzwasser nur die Hälfte der vorgegebenen Kochzeit kochen, abgießen und unter die Kürbissauce mischen.
Zum Schluss geriebenen Cheddarkäse untermischen und in den ausgehöhlten Kürbis füllen. Kürbis in eine feuerfeste Form geben und 20 Minuten im vorgeheizten Ofen bei 190° C backen.
Heraus nehmen und mit Crème fraîche beträufelt servieren.

**60

Schwarze Tagliatelle mit gebratenem Hummer in der Schale

Frankreich

2 lebendige Hummer à 500 g
2 EL Olivenöl extra vergine
40 g Butter
1 Schalotte, fein gewürfelt
½ Knoblauchzehe, fein gehackt
150 ml Tomatensaft
500 g schwarze getrocknete Tagliatelle
30 g kalte Butter
Kristallsalz
Cayennepfeffer

Hummer für 10 Sekunden ins kochende Salzwasser geben, heraus nehmen und abkühlen lassen. Hummerschwanz vom Körper trennen und mit einem schweren Messer den Kopf der Länge nach halbieren. Magen und Darm entfernen. Hummerschwanz in den ersten drei Gelenken in Medaillons schneiden, den restlichen Schwanz der Länge nach halbieren. Darmstücke entfernen. Hummerscheren und Gelenke mit einem schweren Messerrücken mehrmals anschlagen.
In einer großen Pfanne Öl erhitzen, Hummerstücke mit der Schnittseite in die Pfanne geben und etwa 5 Minuten sanft braten. Mit Salz und Cayennepfeffer würzen. Hummerscheren und Gelenke ebenfalls in Pfanne geben. Butter dazugeben und weitere 5 Minuten bei schwacher Hitze unter häufigerem Begießen braten.
Gebratene Hummerstücke auf einen Teller geben und warm halten. Im Bratensatz Schalotten und Knoblauch anschwitzen und mit Tomatensaft ablöschen, etwas einkochen lassen.
Die in der Zwischenzeit nach Packungsanleitung gekochten schwarzen Tagliatelle in etwas Butter durchschwenken und in die Mitte einer großen Platte geben.

Dadurch, dass der Hummer in der Schale gebraten wird, erhält er ein besonderes Aroma.

Hummerstücke auf und um die Pasta anrichten und zum Schluss mit der Sauce leicht begießen.

Tipp
Bei diesem Gericht kann der Hummer durchaus durch Flusskrebse oder Langostinos ersetzt werden. Mögen Sie keine schwarzen Nudeln, dann versuchen Sie dieses Gericht mit einfachen Spaghetti oder grünen Tagliatelle.

** 45

Fiorelli mit Fenchel-Sardellen-Sauce und gegrillten Sardinen

Sardinien

Frischen Fisch erkennt man an den klaren Augen und dem frischen Geruch nach Mee

2 Fenchelknollen

2 Knoblauchzehen, fein gehackt

10 Sardellenfilets

½ TL Fenchelsamen, gehackt

4 EL Olivenöl extra vergine

100 ml trockener Weißwein

500 g Fiorelli

12 frische Sardinen, ausgenommen und gewaschen

2 EL geröstete Pinienkerne

½ Bund Basilikum

Kristallsalz
schwarzer Pfeffer aus der Mühle

2 EL Pesto (Rezept s. S. 92)

Für die Sauce Fenchelknollen längs in dünne Streifen schneiden und in Olivenöl glasig anschwitzen.
Gehackte Knolauchzehen, Sardellenfilets und Fenchelsamen zugeben, ebenfalls anschwitzen und mit Weißwein ablöschen. Die in der Zwischenzeit nach Packungsanleitung gekochten Fiorelli unter die Sauce mischen und durchschwenken.

Sardinenfilets mit Küchenpapier abtrocknen, von außen salzen und pfeffern und in einer Grillpfanne von beiden Seiten etwa 3 Minuten braten.
Fiorelli auf Tellern anrichten, gegrillte Sardinen dazugeben, mit gerösteten Pinienkernen und frischen Basilikumblättern bestreuen, die Sardinen mit Pesto beträufeln.

**40

Gebratene Nudelpizza mit Austernpilzen und Mozzarella

Gebratene Nudelpizza mit Austernpilzen und Mozzarella

Italien

400 g gekochte Spaghetti vom Vortag

30 g schwarze Oliven, entsteint

100 g Austernpilze

2 reife Fleischtomaten,
vorzugsweise Monserrat-Tomaten

1 Stück Mozzarella

50 g Butter

50 ml Olivenöl

Kristallsalz
weißer Pfeffer aus der Mühle

2 EL Pesto (Rezept s. S. 92)

Die Nudelpizzen werden mit Bucatini oder Linguine ebenso gut.

Gekochte Spaghetti mit grob gehackten schwarzen Oliven mischen, mit Salz und Pfeffer abschmecken.
In einer beschichteten Pfanne von etwa 15 cm Durchmesser etwas Butter und etwas Öl erhitzen.
Die Spaghetti zu kleinen Rösti formen und von beiden Seiten goldgelb backen.
Auf ein Backblech geben und insgesamt vier Nudelpizzen braten.
Austernpilze ebenfalls in einer beschichteten Pfanne in etwas Butter von beiden Seiten anbraten und mit Salz und Pfeffer würzen.
Tomaten mit einem spitzen Messer vom Strunk befreien und in dünne Scheiben schneiden.
Nudelpizza dachziegelartig mit Mozzarellascheiben, Tomatenscheiben und Austernpilzen belegen und im auf 220° C vorgeheizten Backofen etwa 5 Minuten überbacken, bis der Mozzarella geschmolzen ist.
Anrichten und zum Schluss mit etwas Pesto beträufeln.

Tipp
Falls möglich, verwenden Sie spanische Monserrat-Tomaten. Diese haben einen intensiveren und süßlicheren Geschmack als andere Tomaten.

**35

Pasta mit Hasenragout und Rosmarin-Aprikosen

***90

Frankreich / Schweiz

400 g Hasenkeulenfleisch

1 EL Mehl, zum Bestäuben

2 EL Öl

1 Karotte, geschält

¼ Knollensellerie, geschält

4 Zwiebeln, geschält

2 EL Tomatenmark

5 Pfefferkörner
2 Pimentkörner
5 Wacholderbeeren
2 Nelken
1 Lorbeerblatt

250 ml Rotwein

750 ml Wasser

2 Stück Orangenzesten,
in dünne Streifen geschnitten

500 g Schweizer Rollini

4 reife Aprikosen

2 EL Butter

1 TL Kristallzucker

1 EL frische Rosmarinnadeln

1 EL Weißweinessig

Kristallsalz
schwarzer Pfeffer aus der Mühle

Das Hasenkeulenfleisch von Sehnen befreien und in kleine Würfel schneiden. Salzen, pfeffern, mit Mehl bestäuben und in Öl anbraten. Karotte, Sellerie und Zwiebeln in kleine Würfel schneiden, mit Tomatenmark 5 Minuten anbraten.

Der Rosmarin gibt den Aprikosen den besonderen Pfiff.

Die Gewürze in einem Mörser grob zerreiben und das Fleisch damit würzen. Etwas Rotwein angießen und die Flüssigkeit einkochen lassen. Diesen Vorgang noch einmal wiederholen. So bekommt die Sauce einen schönen Glanz.
Mit 500 ml Wasser aufgießen und im vorgeheizten Backofen bei 180° C zugedeckt etwa 1 Stunde leise schmoren lassen. Dabei gelegentlich umrühren und mit restlichem Wasser begießen.
Fertiges Ragout mit Salz und schwarzem Pfeffer aus der Mühle abschmecken und zum Schluss Orangenstreifen untermischen – sie geben dem Ragout einen wunderbar frischen Geschmack.
Nudeln in reichlich Salzwasser kochen, abschütten und zum Ragout geben. Vorsichtig unterschwenken und auf vorgewärmten Tellern anrichten.
In der Zwischenzeit die geviertelten Aprikosen in zerlassene Butter geben, mit Zucker, Pfeffer und Rosmarin würzen und leicht karamellisieren lassen. Mit Essig ablöschen und im letzten Moment zu der Pasta mit Ragout geben. Durchschwenken und sofort servieren.

Lumaconi mit Wildschweinragout und gebratenen Steinpilzen

Frankreich

Steinpilze kann man im Ganzen sehr gut einfrieren. So hat man zu jeder Jahreszeit frische Pilze.

400 g Wildschweinschulter

Kristallsalz
schwarzer Pfeffer aus der Mühle
1 EL Mehl zum Bestäuben

2 EL Öl

1 Karotte, geschält
¼ Knollensellerie, geschält
4 Zwiebeln, geschält

2 EL Tomatenmark

5 Pfefferkörner
2 Pimentkörner
5 Wacholderbeeren
2 Nelken
1 Lorbeerblatt

250 ml Rotwein
750 ml Wasser

500 g Lumaconi

2 Stück Orangenzesten,
in dünne Streifen geschnitten

4 Steinpilze, geputzt und in nicht zu dünne
Scheiben geschnitten

2 EL Olivenöl extra vergine

2 EL Butter

1 Schalotte, fein gehackt

½ Knoblauchzehe, fein gehackt

1 EL Blattpetersilie, fein geschnitten

frisch geriebene Muskatnuss

Die Wildschweinschulter von Sehnen befreien und in kleine Würfel schneiden. Salzen, pfeffern, mit Mehl bestäuben und in Öl anbraten. Karotte, Sellerie und Zwiebeln in kleine Würfel schneiden, mit Tomatenmark zum Fleisch geben und 5 Minuten mitbraten. Die Gewürze in einem Mörser grob zerreiben und das Fleisch damit würzen. Etwas Rotwein angießen und die Flüssigkeit einkochen lassen. Diesen Vorgang noch einmal wiederholen. So bekommt die Sauce einen schönen Glanz. Mit 500 ml Wasser aufgießen und im vorgeheizten Backofen bei 180° C zugedeckt etwa 1 Stunde leise schmoren lassen.
Dabei gelegentlich umrühren und mit restlichen Wasser begießen.
Fertiges Ragout mit Salz und schwarzem Pfeffer aus der Mühle abschmecken und zum Schluss Orangenstreifen untermischen.
Nudeln in reichlich Salzwasser kochen, abschütten und zum Ragout geben.
Vorsichtig unterschwenken und auf vorgewärmten Tellern anrichten.
In der Zwischenzeit die Steinpilze in Olivenöl und Butter von beiden Seiten anbraten.
Schalotten und Knoblauch dazugeben und kurz durchschwenken. Mit Salz, Pfeffer und frisch geriebener Muskatnuss würzen, mit Petersilie bestreuen.

*** 90

Tomatennudelteig

Pilznudelteig

Spinatnudelteig

Nudelteige

Schokoladennudelteig

Weißer Nudelteig

400 g Mehl
200 g Hartweizengrieß
3 Eier
6 Eigelbe
2 EL Öl
1 Prise Salz

Mehl mit allen anderen Zutaten vermengen und zu einem glatten Teig verkneten.

Tipp
Durch das Öl wird der Nudelteig geschmeidig und lässt sich anschließend besser ausrollen. Nudelteig in Klarsichtfolie wickeln und etwa 1 Stunde ruhen lassen.

Weißer Nudelteig

Selbstgemachte Pasta

Nudelflecken

Spinat-Tagliolini

Ravioli

Tomaten-Tagliolini

Spinat-Papardelle

Schokoladentagliatelle

Guitarra-Nudel

Tortellini

Pilztagliatelle

Spinatlasagne

Nudelteige

1

Spinatnudelteig

2

450 g Wurzelspinat, ungeputzt
6 Eigelbe
450 g Mehl
200 g Hartweizengrieß
3 Eier
2 EL Öl
1 Prise Salz

Wurzelspinat von Strünken entfernen und gut waschen. In reichlich Salzwasser 5 bis 8 Minuten weich kochen. Über einem Sieb abgießen, in kalten Wasser auskühlen und kräftig ausdrücken.
Den trockenen Spinat im Mixer fein pürieren (1). Eier, Mehl, Grieß, Öl in eine Schüssel geben und Salz zugeben und zu einem glatten Teig verkneten (2+3).
Je nach Teigbeschaffenheit noch etwas Mehl unterarbeiten (4). Spinatnudelteig in Klarsichtfolie wickeln und etwa 1 Stunde ruhen lassen.

3

4

Nudelteige

Für den Schokoladenteig nur das ungesüßte reine Kakaopulver verwenden.

Tomatennudelteig

440 g Mehl
200 g Hartweizengrieß

3 Eier
6 Eigelbe

2 EL Tomatenmark

2 EL Öl

1 Prise Salz

Tomatenmark gibt dem Teig seine hellrote Farbe.

Mehl und Hartweizengrieß in eine Schüssel geben. Eier und Eigelbe mit Tomatenmark verrühren und zum Mehlgemisch geben. Öl und Salz zugeben und zu einem glatten Teig verkneten. Durch das Öl wird der Nudelteig geschmeidig und lässt sich anschließend besser ausrollen. Nudelteig in Klarsichtfolie wickeln und etwa 1 Stunde ruhen lassen.

Pilznudelteig

400 g Mehl
200 g Hartweizengrieß

40 g getrocknete Pilze (Steinpilze, Herbstpfifferlinge oder Feldschwindlinge)

3 Eier
7 Eigelbe

2 EL Öl

1 Prise Salz

Im Mixer geht's ruck-zuck: Pilze werden fein gemahlen.

Mehl, Hartweizengrieß, gemahlene getrocknete Pilze sowie Eier, Eigelb, Öl und Salz zu einem glatten Teig verkneten. Nudelteig in Klarsichtfolie wickeln und etwa 1 Stunde ruhen lassen.
Ein sehr aromatischer Teig, der besonders in der Herbstzeit in Verbindung mit Fleisch oder Geflügelsaucen zur Geltung kommt.

Schokoladennudelteig

400 g Mehl
200 g Hartweizengrieß

80 g Kakaopulver, ungesüßt
30 g Puderzucker

4 Eier
6 Eigelbe

2 EL Öl

1 Prise Salz

Mehl, Hartweizengrieß, Kakaopulver und Puderzucker mit restlichen Zutaten vermengen und zu einem glatten Teig verkneten. Nudelteig in Klarsichtfolie wickeln und etwa 1 Stunde ruhen lassen.

Der Teig bekommt sein schokoladiges Aroma erst durch das Kochen in Wasser.

Die Zubereitung bei den verschiedenen Teigsorten bleibt trotz unterschiedlicher Zutaten gleich.

Bei der Zubereitung von Ravioli- und Lasagneteig sollte man den Teig immer mehrmals durch die Maschine rollen. Zwischen den Gängen die Platten immer wieder mit Mehl bestäuben und zusammenfalten.
Nur so erhält der Teig die gewünschte Konsistenz.
Die fertigen Nudeln leicht mit Mehl bestäubt auf einer Platte bis zur weiteren Verarbeitung etwas ruhen lassen.

Ravioliteig

500 g Mehl Type 405

3 Eier

2 EL Olivenöl

1 Prise Salz

Mehl, Eier, Salz, Öl und etwa 100 ml Wasser zu einem glatten Teig ausarbeiten. Sollte der Teig noch zu fest sein, nach und nach noch etwas Wasser einarbeiten. Teig in Klarsichtfolie wickeln und im Kühlschrank eine ½ Stunde ruhen lassen. Danach in beliebiger Stärke mit der Nudelmaschine ausrollen und weiterverarbeiten.

1

2

3

Teiplatten auf einer bemehlten Fläche ausrollen und kleine Häufchen Füllung nicht zu dicht nebeneinander platzieren (1).
Die zweite Teigplatte darüberlegen und leicht andrücken. Dabei darauf achten, dass keine Luftblasen entstehen (2).
Mit einem Ausstecher die Ravioli abstechen und Teigreste entfernen (3).

Ricottaravioli mit Salbeibutter

Italien

Leckere Füllung für die Ravioli
– gut verrühren und dann im Teig verstecken.

500 g weißer Ravioliteig (Rezept s. S. 162)

250 g frische Ricotta, gerieben

2 Eigelb

1 EL Pesto (Rezept s. S. 92)

Kristallsalz
schwarzer Pfeffer aus der Mühle
frisch geriebene Muskatnuss

1 Ei zum Bestreichen

100 g Butter

1 Bund Salbei, Blätter abgezupft

50 g Parmesan, fein gehobelt

Ravioliteig zubereiten und mit der Nudelmaschine dünn ausrollen. Wichtig ist es, den Teig mehrmals durch die Maschine zu rollen. Die Platten dabei immer wieder mit Mehl bestäuben, zusammenfalten und wieder durch die Maschine drehen.
So erhält der Teig die gewünschte Konsistenz.
Ricotta mit Pesto vermengen und würzen.
Mit einem Kaffeelöffel kleine haselnussgroße Portionen Ricottafüllung auf die Teigplatte in etwa 5 cm Abstand setzen. Ei mit einem 1 EL Wasser verquirlen. Ränder mit einem Pinsel dünn bestreichen. Füllung mit einer zweiten Teigplatte abdecken, die Ränder fest andrücken und mit der Rückseite eines entsprechenden Ausstechers fixieren. Mit einem runden Ausstecher von etwa 6 cm Durchmesser Ravioli ausstechen und bis zur weiteren Verarbeitung auf ein mit Mehl bestäubtes Blech geben. Wer keinen Ausstecher zur Hand hat, kann die Ravioli auch mit einem Teigrädchen oder einem glatten Messer ausschneiden.

Fertige Ravioli in kochendem Salzwasser etwa 4 bis 5 Minuten kochen, mit einer Schaumkelle vorsichtig heraus nehmen.
In der Zwischenzeit die Butter in einer Pfanne so lange erhitzen, bis die Molke goldgelb geröstet ist. Salbeiblätter hinzugeben und Pfanne vom Feuer nehmen. Die Temperatur der Butter reicht aus, um die Salbeiblätter kross werden zu lassen.
Butter leicht salzen. Ravioli auf Tellern anrichten, mit Salbeibutter begießen und mit Parmesanspänen garnieren.

Tipp
Falls zu viel frische ungekochte Ravioli übrig bleiben, so kann man diese auf einem Tablett ins Tiefkühlfach geben. Gefroren lassen sie sich leicht abnehmen und in einer Tupperdose oder einem Gefrierbeutel einige Wochen tiefgekühlt aufbewahren. Beim Kochen jedoch darauf achten, dass sich die Kochzeit um etwa 1 bis 2 Minuten je nach Größe der Ravioli verlängert.

*** 60

Artischockentortelloni mit Peperonata und Orangenschale ***

60

Italien

½ Knoblauchzehe, fein gehackt

1 Schalotte, fein gewürfelt

60 ml Olivenöl

4 geputzte Artischockenböden, etwa 200 g

80 ml trockener Weißwein

150 g gekochte mehlige Kartoffeln

½ TL Thymianblättchen
½ Bund Basilikum

1 Msp fein gemahlene Korianderkörner
Kristallsalz
schwarzer Pfeffer aus der Mühle

500 g weißer Nudelteig (Rezept s. S. 153)

1 Ei

8 Distelartischocken

2 rote Paprikaschoten, halbiert und entkernt

4 EL Olivenöl extra vergine

Kristallsalz
schwarzer Pfeffer aus der Mühle

1 TL Orangenschale, in feine Streifen geschnitten

Für die Füllung Schalotten und Knoblauch in Olivenöl anschwitzen.
Gewürfelte Artischocken dazugeben und würzen, mit Weißwein ablöschen, Topf mit Deckel verschließen und Artischocken weich dünsten. Gekochte Kartoffel in eine Schüssel pressen, die durch ein Sieb gestrichenen Artischocken ebenfalls zugeben und mit Thymian, fein geschnittenen Basilikumblätter, Koriander, Salz und Pfeffer abschmecken. Füllung auskühlen lassen.
Nudelteig auf der Nudelmaschine dünn ausrollen. Den Teig mehrmals durch die Maschine rollen.

Die Platten dabei immer wieder mit Mehl bestäuben, zusammenfalten und wieder durch die Maschine drehen. So erhält der Teig die gewünschte Konsistenz.
In 10 bis 12 cm große Quadrate schneiden und mit einem Kaffeelöffel kleine haselnussgroße Portionen von der Füllung auf die Teigquadrate geben.
Ei mit 1 EL Wasser verquirlen. Ränder mit einem Pinsel dünn bestreichen. Spitzen diagonal zusammenklappen und die Ränder fest andrücken, damit ein Dreieck entsteht. Dreieck so vor sich legen, dass der rechte Winkel nach oben gerichtet ist. Die beiden seitlichen Enden jeweils zwischen Zeigefinger und Daumen nehmen und nach unten zusammenführen, andrücken und so kleine Bischofsmützen formen.

In einer beschichteten Pfanne kann man das Gemüse mit wenig Fett anschwitzen.

Auf ein bemehltes Blech geben und bis zur weiteren Verarbeitung beiseite stellen.
Die obere Hälfte der Artischocken abschneiden, äußere grüne Blätter entfernen und mit einem Melonenausstecher das Artischockenheu heraus kratzen.
Artischocken sechsteln und in Zitronenwasser legen, damit diese nicht braun anlaufen.
Paprikaschoten in kleine längliche Stücke schneiden und zusammen mit den Artischocken in einer Pfanne in Olivenöl etwa 5 Minuten sanft braten. Mit Salz und Pfeffer würzen.
Zum Schluss Orangenstreifen zugeben.
Tortelloni in reichlich Salzwasser etwa 3 Minuten lang kochen und ebenfalls zugeben.
Alles in der Pfanne durchschwenken und auf Tellern verteilen.

Sauerkrautschnecken in Butter gedünstet

Süddeutschland

Sieht nicht nur schön aus – dieser Auflauf hat es auch in sich.

40 g Kristallzucker

200 ml Sekt

60 g Schweineschmalz

150 g Zwiebeln, längs in Streigen geschnitten

1 Apfel, Cox Orange

500 g Sauerkraut, am besten vom Fass

6 Nudelplatten aus weißem Nudelteig,
10 x 20 cm (Rezept s. S. 153)

250 g zerlassene Butter

Kristallsalz
schwarzer Pfeffer aus der Mühle

150 g Sauerrahm

1 EL Blattpetersilie, fein geschnitten

In einer Kasserolle Zucker mit etwas Wasser auflösen und goldgelb karamellisieren. Mit Sekt ablöschen und einkochen. Schweineschmalz und Zwiebelstreifen zugeben und etwa 10 Minuten schmelzen lassen.
Geschälten und entkernten Apfel in feine Streifen schneiden.
Apfelstreifen und Sauerkraut zu den Zwiebeln geben und etwa 10 Minuten mitdünsten.
Auf einem Backblech flach verteilen und auskühlen lassen. Zur Weiterverarbeitung muss das Kraut trocken sein, da es sonst den Teig beim Einrollen aufweicht.
Das Kraut auf den Nudelteigplatten verteilen, der Länge nach einrollen und in Drittel schneiden.
Dicht nebeneinander in eine gebutterte Auflaufform stellen und mit flüssiger Butter begießen.
Im auf 180° C vorgeheizten Ofen 30 bis 35 Minuten garen.

Aus dem Ofen nehmen, vorsichtig auf Tellern anrichten und mit angerührtem Sauerrahm, frisch gemahlenem schwarzem Pfeffer und Petersilie garnieren.

*** 45

Sauerkrautschnecken in Butter gedünstet

Die Rollen in Stücke schneiden und nebeneinander in die Auflaufform stellen, zerlassene Butter mit einer Schöpfkelle darüber gießen.

Gleichmäßig große Teigplatten ausrollen, dünn mit Füllung belegen und vorsichtig aufrollen.

Die Butter verleiht dem Gericht ein leicht nussiges Aroma.

Wachtelbohnenragout
Italien

280 g gemischte rote Bohnen, 2 Stunden im kalten Wasser eingeweicht

50 g Karotten, fein gewürfelt

50 g Stangensellerie, fein gewürfelt

50 g Schalotten, fein gewürfelt

½ Knoblauchzehe, fein zerrieben

30 g Olivenöl

20 g Butter

1 Rosmarinzweig
1 Lorbeerblatt
2 große Salbeiblätter zum Auskochen

30 g Tomatenmark

1 l Geflügelfond

Salz
schwarzer Pfeffer aus der Mühle

8 Stück rohe Cotechine (italienische Wurst)

20 ml Olivenöl

Gemüsewürfelchen und Knoblauch in Olivenöl-Buttermischung anschwitzen. Lorbeer- und Salbeiblätter, Rosmarin sowie rote Bohnen zugeben. Tomatisieren, mit Geflügelfond aufgießen und sanft köcheln lassen, damit die Bohnen nicht zerkochen.
Rosmarinzweig, Salbei- und Lorbeerblatt entfernen und abschmecken.
Cotechine in kleine Stücke schneiden in Olivenöl langsam braten und im fertigen Bohnenragout noch nachziehen lassen. Zum Schluss noch mit frisch gemahlenem schwarzem Pfeffer würzen.
Einige Tropfen bestes Olivenöl runden das ganze Gericht noch ab.
Dieses Ragout eignet sich hervorragend als Füllung für eine Lasagne mit wie im Rezept „Lasagne mit Fleischsauce und Mozzarella“ auf Seite 66.
Ersetzen Sie die Sauce Bolognese durch das Ragout.

Fischklößchen in Glasnudelpanade auf scharfem Gurkensalat
Thailand

1 Salatgurke, geschält

400 g Hechtfilet

80 g Krebsfleisch, ausgelöst

Saft von 1 Zitrone

Kristallsalz
weißer Pfeffer aus der Mühle

2 Schalotten, klein gewürfelt

3 frische Landeier

2 EL Thai-Basilikum, fein geschnitten

50 g Glasnudeln

1 Knoblauchzehe, fein gehackt

2 EL Reisessig

1 EL Sonnenblumenöl

1 Msp Sambal oelek

etwas Zucker

Öl zum Frittieren

Salatgurke in feine Scheiben hobeln, salzen und 20 Minuten ziehen lassen. Hechtfilet und Krebsfleisch in kleine Würfel schneiden oder im Universalzerkleinerer grob zerhacken. Mit Zitronensaft, Salz und Pfeffer würzen. Schalotten, 1 Ei und Thai-Basilikum dazugebe und gründlich miteinander vermischen. Nochmals mit Salz und Pfeffer abschmecken.
Glasnudeln in kleine Stücke brechen oder mit einer Schere klein schneiden. Gurkenwasser abgießen, Gurkenscheiben mit Knoblauch, Essig, 1 EL Öl, Samba oelek, Salz und Zucker würzen.
Aus der Fischmasse mit zwei Teelöffeln kleine Nocken formen. Erst in den restlichen verquirlten Eiern, dann i den Glasnudeln wälzen. In reichlich heißem Öl goldgel frittieren und auf Küchenpapier abtropfen lassen. Fisch klößchen auf dem scharfen Gurkensalat anrichten und servieren.

Süße Hörnchennudeln in heißer Milch

Deutschland

320 g Hörnchennudeln

500 ml frische Vollmilch

30 g Butter

80 g Puderzucker

1 Prise Salz

Hörnchennudeln in reichlich Wasser mit 1 Prise Salz kochen. Abschütten und abschrecken.
Milch aufkochen und die Nudeln darin erhitzen.
Auf Suppenteller verteilen, mit Butterflöckchen und Puderzucker bestreuen.

Tipp
Wird gerne von Kindern als vollwertige Mahlzeit gegessen.

Gebratene süße Nudeln mit kandierten Früchten

Indien

250 g chinesische Eiernudeln

80 g halbierte Mandeln

120 g gemischte kandierte Früchte

50 g Puderzucker

1 Msp gemahlener Kardamom

½ TL Kurkuma

2 EL Pflanzenöl

Eiernudeln kochen, gut abtropfen lassen und noch warm mit Puderzucker, kandierten Früchten und Gewürzen mischen.
In einer beschichteten Pfanne das Öl erhitzen und die Nudelmischung hineingeben. Sanft braten, bis die Nudeln goldgelb geworden sind. Wenden und von der anderen Seite ebenfalls goldgelb braten. Darauf achten, dass die Hitze nicht zu stark ist, damit der Zucker nicht zu sehr karamellisiert und somit bitter wird.
Die gebratenen Nudeln auf Küchenpapier zum Abtropfen geben und danach auf einer Platte anrichten.
Mit Mandeln oder kandierten Früchten je nach Wunsch garnieren.

Cannelloni mit Walnuss-Geflügelleberfüllung

Italien

120 g geriebene Walnusskerne

350 g Geflügelleber

2 Eigelbe

300 g Ricotta (italienischer Frischkäse)

20 Lasagneplatten oder ausgerollter weißer Nudelteig (Rezept s. S. 153)

120 g Sahne

4 geputzte Artischockenböden

2 EL Olivenöl

3 EL Butter

1 Knoblauchzehe, in der Schale angedrückt

2 Thymianzweige

Salz
schwarzer Pfeffer aus der Mühle
frisch geriebene Muskatnuss

Geriebene Walnüsse in einem Esslöffel Butter leicht rösten und abkühlen lassen. Geflügelleber in kleine Würfel schneiden und in einem Esslöffel Butter sanft braten, mit Salz und Pfeffer würzen. Walnüsse, abgekühlte Leber und Eigelbe unter die Ricotta misch
Mit Salz, Pfeffer und Muskat abschmecken.
Auf die hauchdünn ausgerollten Teigplatten streichen und zu fingerdicken Cannelloni aufrollen. Auflaufform mit restlicher Butter ausstreichen und die fertig gerollt Cannelloni einschichten. Mit Sahne begießen und im a 180° C vorgeheizten Backofen etwa 20 Minuten back
Die Artischocken in Scheiben schneiden und in Oliver mit Knoblauch und Thymianzweigen bei schwacher Hitze braten und mit Salz und Pfeffer würzen.
Cannelloni und gebratene Artischocken portionsweise auf Tellern anrichten.

Tagliatelle alla Carbonara
Italien

150 g Speck am Stück

1 Zwiebel

2 EL Olivenöl extra vergine

500 g Tagliatelle

300 g Sahne

6 Eigelbe

50 g Parmesan, frisch gerieben

Kristallsalz
schwarzer Pfeffer aus der Mühle
frisch geriebene Muskatnuss

Speck von Schwarte und Knorpeln befreien und in kleine Würfel schneiden. Zwiebel schälen und in kleine Würfel schneiden. In einer großen Pfanne die Speck- und Zwiebelwürfel in erhitztem Olivenöl etwa 4 Minuten bei schwacher Hitze glasig braten.
Tagliatelle in reichlich siedendem Salzwasser in etwa 5 Minuten al dente kochen. Auf ein Sieb schütten und abtropfen lassen.
Sahne mit Eigelben und dem Parmesan verrühren, mit Salz, Muskatnuss und Pfeffer würzen.
Die heiße Pasta mit Speck und Zwiebeln vermischen und mit der Sahnesauce begießen. Kurz erhitzen, dabei immer wieder rühren. Darauf achten, dass die Sauce auf keinen Fall kocht, da sonst die Eigelbe gerinnen und ihre Bindefähigkeit verloren geht. Die Pasta falls nötig noch einmal abschmecken und sofort servieren.

Chinesische Eiernudeln mit Seezunge und gebratenem Gemüse
China

400 g chinesische Eiernudeln

600 g Seezungenfilet

2 EL helle Sojasauce

4 EL Hoisin-Sauce

2 mittelgroße Karotten, geschält

1 Lauchstange, geputzt

150 g Austernpilze

120 g Zuckerschoten,geputzt

½ gelbe Paprikaschote
½ rote Paprikaschote

1 Knoblauchzehe, fein gehackt

6 EL Sonnenblumenöl

200 g Nameko-Pilze (aus der Dose)

1 TL Sambal oelek

Eiernudeln nach Anweisung auf der Packung kochen. Auf ein Sieb schütten und kalt abschrecken. Gut abtropfen lassen. Seezungenfilet in mundgerechte Stücke teilen und mit etwas Sojasauce und einigen Spritzern Hoisin-Sauce marinieren. Karotten und Lauch in feine Streifen schneiden. Austernpilze je nach Größe halbieren oder dritteln.
Zuckerschoten diagonal halbieren. Paprikaschoten entkernen, säubern und in 1 cm große Rauten schneiden. 4 EL Öl in einem Wok erhitzen und das Gemüse nacheinander unter Rühren anbraten.
Mit Karotten beginnen, mit Zuckerschoten, Paprika und Knoblauch fortfahren. Das Gemüse sollte knackig sein.
Zum Schluss die marinierten Seezungenstücke und die abgetropften Nameko-Pilze dazugeben und gar ziehen lassen. Mit Hoisin-Sauce und Sambal oelek würzen. Nudeln im restlichen heißen Öl nach und nach anbraten und mit dem Gemüse vermischen. Nochmals mit etwas Sojasauce abschmecken.

Schupfnudeln mit Kaffeesauce und Kardamom

Türkei

450 g gekochte mehlige Kartoffeln
in der Schale vom Vortag

150 g Mehl Type 405
50 g Kartoffelstärke

2 Eigelbe

Kristallsalz
60 g Kristallzucker
500 ml kräftiger Kaffee

4 cl Whiskey

8 weiße Kardamomkapseln

60 g kalte Süßrahmbutter, in Scheiben geschnitten
200 g Crème fraîche

10 Kaffeebohnen, zerdrückt

Kartoffeln pellen und fein reiben.
Mit Mehl, Speisestärke, Eigelben und Salz zu einem homogenen Teig ausarbeiten (1). Fingerdicke Stränge ausrollen und 1 cm lange Stücke schneiden (2).
Zwischen bemehlten Handflächen zu 8 bis 10 cm langen Nudeln mit spitzen Enden formen.
Auf ein bemehltes Tablett geben (3).
In kochendes Salzwasser geben. Sobald die Schupfnudeln an der Oberfläche schwimmen, mit einer Schaumkelle heraus nehmen und in Eiswasser kurz abschrecken.
In der Zwischenzeit Zucker in einer breiten Pfanne hell karamellisieren lassen.
Mit Whiskey ablöschen, Kardamomkapseln zugeben und mit Kaffee aufgießen.
Auf etwa ein Drittel einkochen lassen.
Schupfnudeln in die Kaffeesauce geben und kalte Butterscheiben langsam einschwenken.
Auf Tellern anrichten und jeweils 2 EL Löffel Crème fraîche darüber geben.
Zum Schluss mit zerdrückten Kaffeebohnen bestreuen.

1

2

3

** 60

**50

Schokoladennudeln mit Orangen-Passionsfruchtsauce und Mangostreifen

Florida

Schokonudeln sind nicht nur für kleine Leckermäuler.

Zur Schokolade passen die gelben Früchte mit ihrem süßlich-säuerlichen Aroma besonders gut.

300 g Schokoladennudelteig (Rezept s. S. 158)

1 Orange, unbehandelt

100 g Kristallzucker

1 Zimtstange

250 ml Orangensaft
Fruchtfleisch von 2 Passionsfrüchten
Filets von 2 Orangen
1 Mango, geschält

50 g kalte Butter

Schokoladenteig dünn ausrollen, durch den Aufsatz für Tagliatelle drehen und portionsweise auf Platten bis zur weiteren Verarbeitung leicht antrocknen lassen.
Für die Orangenzesten die Orange heiß abwaschen und trocknen. Mit einem Sparschäler die Orangenhaut dünn abschälen, so dass keine weiße Haut an der Schale zu erkennen ist. In dünne lange Streifen schneiden, in kochendes Wasser geben und nur 5 Sekunden abkochen.
In kaltem Wasser abschrecken und in einem kleinen Topf mit 40 g Zucker und 100 ml Wasser sanft köcheln, bis die Flüssigkeit verkocht ist und die Orangenstreifen vom Zucker durchdrungen sind. In ein Glas geben und beiseite stellen.
Für die Sauce 60 g Zucker goldgelb karamellisieren lassen, Zimtstange zugeben und mit Orangensaft ablöschen.
Passionsfruchtfleisch zugeben und die Flüssigkeit um die Hälfte einkochen lassen. Sauce passieren, Orangenfilets und in Streifen geschnittenes Mangofruchtfleisch zugeben.
In der Zwischenzeit die Schokoladennudeln in leicht gesalzenem Wasser etwa 2 Minuten kochen, abschütten und in die Sauce geben.
Einige Minuten in der Sauce leicht weiterkochen und zum Schluss mit kalter Butter binden.
Auf Tellern anrichten und mit Orangenzesten bestreuen.

Die Nudelmaschine macht's – gleichmäßig feine Streifen.

Große Ziegenkäseravioli mit Tomatenbutter und Pestoöl

Italien

400 g Ravioliteig (Rezept s. S. 162)
1 mittelgroße Ziegenkäserolle
8 Blätter Blattspinat, geputzt
1 Ei zum Bestreichen
1 Schalotte, fein gewürfelt
½ Knoblauchzehe, fein gehackt
4 EL Olivenöl extra vergine
200 ml Tomatensaft

Kristallsalz
schwarzer Pfeffer aus der Mühle
1 Prise Kristallzucker
40 g kalte Butter
1 EL Pesto (Rezept s. S. 92)

Ravioliteig auf der Nudelmaschine dünn ausrollen. Ziegenkäserolle in 8 Scheiben schneiden und im Abstand von 8 cm auf einer Raviolteigplatte auslegen. Auf jede Scheibe Ziegenkäse ein Spinatblatt legen und mit schwarzem Pfeffer aus der Mühle würzen. Ränder mit verquirltem Ei bestreichen und mit einer zweiten ausgerollten Ravioliteigplatte belegen. Ränder andrücken und mit einem runden Ausstecher von 12 cm Durchmesser ausstechen.

In der Zwischenzeit Schalotten und Knoblauch in 2 EL Olivenöl glasig anschwitzen.
Mit Salz, Pfeffer und Zucker würzen und mit Tomatensaft aufgießen. Etwa 5 Minuten leise köcheln lassen und zum Schluss die kalte Butter einschwenken, bis sich diese vollständig aufgelöst hat.
Ravioli in reichlich Salzwasser geben und aufkochen lassen. Vom Feuer nehmen und 1 Minute ziehen lassen. Ravioli auf vorgewärmten Tellern anrichten, mit Tomatenbutter umgießen und mit im restlichen Öl verrührten Pesto beträufeln.

*** 40

Rote-Bete-Ravioli mit Mohnbutter

Italien

2 mittelgroße Rote Bete
250 g gekochte mehlige Kartoffeln
100 g Ricotta
2 Eigelbe
Bergkristallsalz
Kristallzucker
weißer Pfeffer aus der Mühle
frisch geriebene Muskatnuss
300 g Ravioliteig (Rezept s.S. 162)
1 Ei zum Bestreichen
120 g Butter
60 g gemahlener Blaumohn

Achtung: Rote Bete färben stark. Bei der Zubereitung besser Gummihandschuhe überstreifen und Schürze umbinden.

Rote Bete in einen Topf mit kochendem Wasser geben.
Wasser mit Salz und Zucker kräftig würzen und etwa 15 Minuten kochen lassen.
Abkühlen und unter fließendem Wasser mit Händen die Haut von den Rote Bete abreiben.
Fein reiben, ebenso die Kartoffeln.
Mit Ricotta und Eigelben vermischen und mit Salz, weißem Pfeffer und Muskatnuss abschmecken.
Ravioliteig dünn ausrollen, mit verquirltem Ei bestreichen und mit einem kleinen Löffel walnussgroße Stücke Füllung im Abstand von 5 cm auf den Teig geben.
Mit ausgerolltem Ravioliteig bedecken und andrücken.
Um die Füllung den Teig vorsichtig andrücken, damit keine Luftblasen in den Ravioli eingeschlossen werden.
Dadurch können die Ravioli beim Kochen platzen.
Mit einem runden gezackten Ausstecher von etwa 6 cm Durchmesser Ravioli ausstechen und in reichlich kochendes Salzwasser geben – nur 1 bis 2 Minuten ziehen lassen. Heraus nehmen und auf vorgewärmten Tellern anrichten.
In der Zwischenzeit Butter aufschäumen lassen und den gemahlenen Mohn hineingeben.
Mohnbutter leicht salzen und sofort über den Ravioli verteilen.

*** 70

Pflaumenlasagne mit gerösteten Mandeln

Österreich

Pflaumen gibt es in vielen Sorten – doch für dieses Rezept eignen sich die blauen mit rotem Fleisch oder Zwetschgen am besten.

500 g reife Pflaumen
170 g Süßrahmbutter
110 g Kristallzucker
1 Vanillestange
100 g frisches Weißbrot, ohne Rinde
100 g geschälte, geriebene Mandeln
½ TL gemahlener Zimt
8 Stück weiße Lasagneplatten
250 g Sauerrahm
1 TL Puderzucker
einige Minzeblätter als Garnitur

Pflaumen entkernen und in kleine Spalten schneiden. 40 g Butter und 50 g Kristallzucker in einer Pfanne schmelzen lassen. Vanilleschote halbieren, Vanillemark herauskratzen, restliche Vanilleschote in 4 cm lange Stücke schneiden und alles in die Pfanne geben. Pflaumenspalten zugeben und durchschwenken. Pflaumen nicht zu weich kochen, sondern nur schmelzen lassen.
Restliche Butter schmelzen, Weißbrot reiben und zusammen mit geriebenen Mandeln, restlichem Zucker und Zimt zur Butter geben und goldgelb rösten.
In der Zwischenzeit Lasagneplatten quer halbieren (am besten über einer Tischkante brechen) und in leicht gesalzenem Wasser nach Packungsanleitung kochen.
Sauerrahm mit Puderzucker glatt rühren.
Etwas Pflaumenragout auf Teller geben und mit einer Lasagneplatte belegen. Wieder etwas Pflaumenragout, geröstete Brot-Mandel Brösel und einen Löffel Sauerrahm auf der Lasagneplatte verteilen.
Diesen Vorgang so oft wiederholen, bis pro Portion vier Lasagneplatten verteilt sind.
Zum Schluss mit einigen Minzeblättern garnieren und servieren.

*** 45

30 ±

40 ±

Zeitindex

60 ±

90 <

Länderindex

USA

Mexiko

China

Japan

Thailand

Indien